논어강의
위대한 스승, 孔子 사상의 재발견

초판 1쇄 인쇄　2005년 2월 20일
초판 1쇄 발행　2005년 2월 25일

지은이　이민홍
펴낸이　조윤숙
펴낸곳　문자향
신고번호　제300-2001-48호
주소　서울 종로구 운니동 65-1 월드오피스텔 908호
전화　02-747-3451
팩스　02-747-3452
이메일　munjahyang@korea.com

값　10,000원
ISBN　89-90535-18-2　03140

※ 잘못된 책은 본사나 구입하신 서점에서 교환해 드립니다.

논어강의

위대한 스승, 孔子 사상의 재발견

이민홍 지음

문자향

서문

孔丘(仲尼)

1. 서기전 6세기와 공부자

서력기원전 6세기 전후는 인류 역사에서 매우 중요한 시기였다. 인류사를 움직이는 원동력이 되었던 이른바 4대 성인聖人 가운데 공자孔子(B.C. 551~479), 석가모니(B.C. 563~483), 소크라테스(B.C. 469~399) 등 세 분이 탄생하여 성장하고 활동하였던 기간이었다. 공부자孔夫子는 중국에서 수레를 타고 중원을 두루 섭렵하면서 당신의 사상과 경륜을 개진하고 있었고, 석가모니 역시 번뇌의 늪에서 허덕이고 있는 중생을 구제하기 위해 설법을 행하고 있었으며, 소크라테스 또한 아테네 시가를 누비며 자신의 뜻을 피력하고 다녔다.

이 무렵에는 비단 위에 열거한 세 성인 외에도, 중국에서는 노자老子(B.C. 5~6세기경)가 '도道가 인간을 참되게 하는 요체'라고 주장하고 있었으며, 시대가 약간 앞서기는 하지만 이스라엘에서는 이사야가 유태 민족에게 내세에 관하여 역설하고 있었다. 현저하게 이름을 남긴 이들 밖에도 역사에 포착되지 않았거나 기록되지 않은 수많은 현자들이 세

顔回(子淵)　　閔損(子騫)　　冉耕(伯牛)　　冉雍(仲弓)

계 도처에 존재했을 것이지만 일일이 열거할 수 없는 점이 아쉽다.

그런데 B.C. 6세기에 이처럼 인류사에 크나큰 획을 그은 인물들이 족출族出한 이유는 무엇일까? 이 시기 이전과 이후에도 수많은 현자들이 배출되었지만 역사가 이들을 주목하지 않았기 때문에 공부자를 비롯한 성현이 특별히 각광을 받았다는 해석도 있을 수 있다. 그러나 이분들에 비견할 만한 인물이 없었다는 시각이 더 타당하다고 생각된다. 물론 예수나 마호메트 같은 분들은 서력기원 이후에 탄생하지 않았느냐는 반론도 있을 수 있음을 시인한다. 그러나 위에서 논급한 공자와 석가모니 그리고 소크라테스만큼 인류 역사와 문화에 영향을 행사한 분들이 이 시기 이후에는 없었다는 사실 역시 재론의 여지가 없다.

세계에서 가장 광대한 영역과 인구를 가졌으며 아울러 최고의 문화를 향유하고 이를 변질시키지 않고 수천 년간 지속시킨 것은 동양이고, 동양에서도 한국·일본·중국 등을 포괄하고 있는 극동이다. 서양이나 기타 지역의 전통문화는 이민족의 침략이나 이주로 인해 대부분 단절되었다. 남북 아메리카가 그러하고 구라파의 대부분도 본래의 문

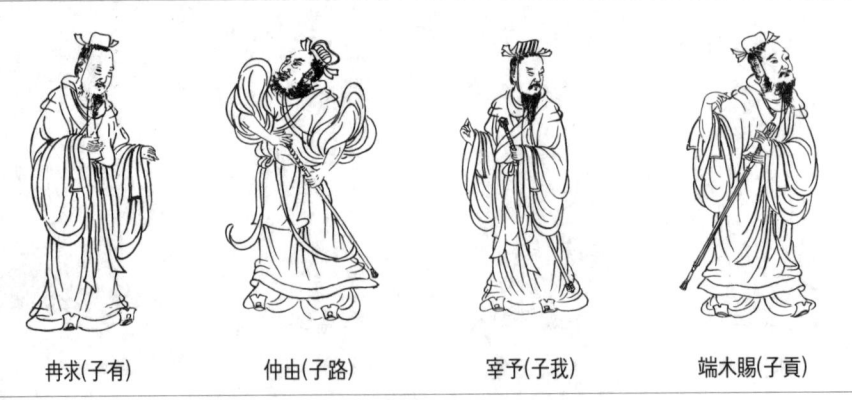

冉求(子有)　　仲由(子路)　　宰予(子我)　　端木賜(子貢)

화와는 다른 매우 이질적인 문화로 이행된 것이 사실이다. 앵글로색슨 족에 의한 북미 본래 문화의 파괴와 단절, 스페인 족에 의한 남미 잉카 문화의 괴멸과 초토화, 게르만 족에 의한 서구 기층 문화의 단절 등 그 실례를 들자면 한이 없을 것이다. 피라밋 문화로 총칭되는 이집트의 유적과 문화가 현재 거주하는 아랍 족과는 전혀 상관이 없다는 점도 그 하나의 예이다.

  이와 같이 세계 각지의 본래 문화가 단절과 변질을 당한 데 비해, 우리 동양은 과거 문화가 현재 문화로 계승되었고 또한 미래 문화로 전승될 것이 확실하다. 그런 만큼 앞으로 세계 문화계는 변함없이 승계될 동양 문화가 지배할 것이라는 예상은 충분한 근거가 있다. 이처럼 동양 문화는 세계 각국의 각종 문화에 비해 정통성을 확보하고 있기 때문에 세계 문화를 이끌어갈 당위성과 사명이 있는 것이다. 세상에서 가장 위력적이고 무서운 것은 시간이다. 흘러가는 시간은 지구상의 모든 것을 오유화烏有化한다. 수 년 만에 없어지는 것도 있고, 수십 년 또는 수백 년 동안에 소멸되는 것도 있지만, 수천 년이 지나야 퇴진되는

言偃(子游)　　卜商(子夏)　　顓孫師(子張)　　曾參(子輿)

것도 있다. 그러나 우내宇內에 존재하는 삼라만상森羅萬象의 대부분이 시간 앞에서는 덧없이 사라지는 것이 대자연의 섭리이다. 그럼에도 불구하고 수천 년간이나 거의 변질되지 않은 채로 존속되고 있을 뿐 아니라, 시간이 흘러갈수록 그 광휘가 더욱 찬란해지는 것이 있으니, 그것은 다름 아닌 공부자가 완성한 유가사상儒家思想과 유가문화儒家文化이다. 동양 문화의 근간인 유가 문화가 존속된 이유는 여러 가지겠지만, 그 중에서도 한자漢字가 차지하는 비중이 결코 적다고 하긴 어렵다.

동양 문화의 근간이 유가 문화라면, 유가 문화의 근간은 공부자의 『논어論語』를 전제하지 않을 수 없다. B.C. 6세기 이후 동양 문화를 말할 때 『논어』를 배제하고는 논의 자체가 성립되지 않을 정도로 『논어』가 갖는 비중은 막중하다. 『논어』 이전에는 『시경詩經』·『서경書經』·『예기禮記』·『주역周易』·『춘추春秋』 등 오경五經이 있어서 동양사상의 근저가 되었지만, 공부자가 이를 종합 정리하여 계승했다. 공부자는 당신 이전의 문화를 여타의 저명한 인물들과는 달리, 부정하지 않고 계승 발전시킨 위대한 스승이다. 이 같은 관점을 일러 '술이부작述而不作'이

澹臺滅明(子羽)   燕伋(思), 宓不齊(自賤)   原憲(子思)   公冶長(子長)

라고 스스로 밝혔다. '조술祖述은 하지만 망령되이 함부로 전통문화를 무시하거나 부정하여 새로운 설을 퍼뜨리지 않는다' 는 이 같은 인식은, 방자하게 전통을 내동댕이치는 것을 자랑으로 삼는 풍조가 만연한 요즘에 더욱 그 가치가 절실해지는 명언이다.

공부자는 말이 행동이요, 행동이 곧 말이 되는 언행일치言行一致의 사표이다. 거의 모든 사람들이 말 따로 행동 따로 일말의 가책도 없이 다반사로 하고 있는 현실을 상기할 때, 『논어』의 가치에 더더욱 무게가 실리지 않을 수 없다. 공자가 생존했던 서기전 6세기 무렵의 제반 사회 문제가, 조금만 관심을 가지고 주시하면 2천6백여 년이 지난 오늘날에도 되풀이하여 발생하고 있는 사실을 우리는 인식하게 된다. 26세기가 지났는데도 불구하고 반복되는 이유는 간단하다. 풍토가 같고 인물이 동일하기 때문이다. 2천여 년 전 사람과 현재의 우리가 어떻게 동일하냐고 의문을 제기할 수도 있다. 그러나 그 당시의 얼굴 모습과 머리 색깔과 손발은 유전인자를 통하여 그대로 재생되고 있으며, 앞으로도 서양인이나 흑인들과 혼혈되지 않는 이상 변함이 없을 것이다.

南宮括(子容)　　公皙哀(季次)　　曾蒧(皙)　　顔無繇(路)

따라서 성격을 판가름하는 뇌세포 역시 그대로 유전되는 까닭으로 고인과 별로 달라지지 않은 성품을 지니게 될 것은 너무나 당연하다. 그러므로 공부자가 다시 태어나서 다시 수레를 타고 동양 권역을 연설하면서 다닌다고 가정할 경우, 아마도 서기전 6세기와 거의 비슷한 반향이 일어날 것으로 필자는 예상한다.

고전의 정의를 누군가가 '시간과 싸워서 살아 남은 것'이라고 한 바 있다. 동서양의 수많은 책들 가운데 수천 년의 시간과 싸워서 어느 한 부분도 상처를 입거나 폐기되지 않은 채 확실하게 남아 있는 책을 헤아려보라고 한다면, 필자는 주저 없이 공부자와 당신 문인들의 언행을 기록한 『논어』라고 말하겠다. 『논어』는 『고론古論』·『제론齊論』·『노론魯論』이 있었다고 알려져 있다. 『고론』은 한대漢代에 공부자의 고택을 수리하다가 벽 속에서 발견된 것이고, 『노론』은 당신의 고국인 노魯나라에서, 『제론』은 노나라의 이웃인 제齊나라에서 수집 및 정리된 것이다. 지금도 산동성山東省 곡부曲阜 공부孔府에 가면 『고론』이 나온 벽이라 하여 그 흔적이 남아 있다.

商瞿(子木), 淑仲會(子期)　　高柴(子羔)　　漆雕開(子開)　　公伯繚(子周)

일찍이 중국의 정자程子(정이程頤, 1037~1107)는 『논어』를 읽는 사람들의 등급을 넷으로 분류하고 그 정황을 말한 바 있다. 그는 『논어』를 읽음에 있어서 다 읽은 후 전혀 감흥을 못 느끼는 자가 있고, 『논어』의 한두 구절을 터득하여 기뻐하는 자와, 읽은 뒤 『논어』를 좋아할 줄 아는 자가 있으며, 독파한 뒤 손뼉 치며 춤추고 발장단을 하며 뛰는 경지에 이른 사람 등 네 부류가 있다고 했다. 정자의 이 평을 후대인들이 수백 언言으로 부연하여 주석을 했지만, 오히려 문면 그대로 직설적으로 받아들이는 것이 더 정확한 것처럼 여겨진다.

정자가 분류한 네 가지 유형 중에 오천 년 민족사에서 가장 풍요로운 삶을 누리고 있다고 으스대는 우리들은 어느 부류에 속하는지 스스로 자문해보자. 그 해답은 별로 어렵지 않게 첫 번째 경우가 대부분이고, 나머지는 한두 구절을 필요에 따라 유식을 뽐내기 위해 인용하는 두 번째 경우가 아닐까 생각한다. 『논어』의 내용을 한문 해석을 정연하게 하여 『논어』가 품고 있는 진선미眞善美적인 심오한 의취를 지적知的 소재 정도로 파악하는 시각도 완미完美한 것이 아닐 것이다. 그러므로

司馬耕(子牛)　　樊須(子遲)　　有若(子有)　　公西赤(子華)

우리는 『논어』를 통하여 공부자가 개진했던 초시대적 예지를 분명하게 밝혀, 암울한 20세기를 극복 또는 지양止揚하여 희망찬 21세기를 여는 화두로 삼을 것을 제창하고 싶다.

2. 공부자의 출생과 유년 시절

사마천司馬遷(B.C. 145~?)은 공부자를 제후로 규정하여 열전列傳에 편차하지 않고 세가世家에 편입시켰다. 공부자가 왕후의 지위를 비록 갖지 않았지만, 교화지주敎化之主로서 만세의 스승이 될 것을 당시에도 예측했고, 아울러 육예六藝의 조종祖宗인 까닭으로 학자들의 머리로 삼았기 때문이라고 했다. 이후 중국 역사는 공부자를 '대성지성문선왕大聖至聖文宣王'이라고 정식으로 봉하여 지금에 이르고 있다.

공부자에 대한 숭앙은 고국인 중국의 역대 왕조보다도 우리 한국이 더했을 뿐만 아니라, 한민족의 실생활 속에도 구체적으로 더 깊숙하고

巫馬施(子旗)　　梁鱣(叔魚)　　顔幸(子柳)　　冉孺(子魯)

광범위하게 침투된 것이 아닌가 한다. 이렇게 된 이유는 여러 가지로 분석할 수 있겠지만, 필자는 우리 민족의 정서와 공부자의 사상이 근본적으로 부합하는 소지가 많았기 때문이라고 생각한다. 아무리 훌륭한 사유체계를 지닌 이념일지라도 그것이 민족성과 서로 부합되지 않을 경우, 한때의 유행이 지나면 금방 잊혀지고 말았다는 역사적 실상이 그 방증이 된다.

　공부자의 선대는 송宋나라에서 살았는데 송나라에서 핍박을 받다가 노魯나라로 이주해왔다고 알려져 있다. 공부자의 아버지 숙량흘叔梁紇(?~B.C. 554)은 노나라의 시씨施氏에게 장가들어 9녀를 낳았고, 첩실에서 아들 맹피孟皮를 두었는데, 그 후 안징재顏徵在에게 아버지의 명을 좇아 혼인한 것으로 기록되어 있다. 숙량흘과 공부자의 어머니인 안징재의 만남은 매우 특이하다. 이들의 만남과 공부자의 탄생이 조금도 신격화되거나 미화되지 않고 거의 사실 그대로 『사기史記』 등의 문헌에 기록된 것은 공부자를 더더욱 우리들 주변에 가까이 있는 성현으로 인식케 하는 요인이 되었다.

曹邺(子循)　　伯虔(子析)　　公孫龍(子石)　　冉季(子産), 奚容箴(子晳)

사마천은 그의 역저『사기』「공자세가孔子世家」에서, "공자는 노나라 창평향읍昌平鄕邑에서 탄생했다. 그 선대는 송나라 사람 공방숙孔防叔이다. 공방숙은 백하伯夏를 낳았고, 백하는 숙량흘을 낳았는데, 숙량흘이 안씨 집안의 딸과 야합野合하여 공자를 낳았는 바, 니구산尼丘山에 기도하여 공자를 얻었고, 이 해가 노양공魯襄公 22년(B.C. 551) 11월 경자일이다. 태어나면서부터 머리 위 정수리가 움푹 들어가서 마치 언덕처럼 생겼기 때문에 이름을 구丘라고 했다"고 기록했다.

사마천이 공부자의 출생에 관해 기록한 "야합하여 공자를 낳았다(野合而生孔子)"는 부분에 대해 후세의 경전은 대부분 이를 배제하여 언급하기를 꺼렸다. 그러나 사마천이 이를 채록한 것으로 보아 아마도 사실로 받아들여야 할 것 같다. '야합野合'이라는 말은 좋은 의미가 아니다. 공부자도『논어』에서 "야野하도다, 자로子路여!(野哉由也)", "예악禮樂에 있어서 선배는 야인野人에 비유할 수 있다(先進於禮樂野人也)"고 하여 '질박'한 면을 의미하기도 했다. 한편 공부자는 "만일 예악을 쓴다면 나는 선배의 야인다움을 따르겠다(如用之則吾從先進)"고 말하기도 했다.

公祖句玆(子之), 施之常(子恒)

秦祖(子南)

漆雕哆(子斂)

顔高(子驕)

공부자의 출생 배경을 야합으로 사마천이 규정한 것은 오늘날 우리가 인식하는 야野의 개념과는 차이가 있을 법하다. 그것이 부모의 나이 차가 현격하기 때문에 상례에서 벗어난 결합이라는 당시의 지적과 관련 있는지, 아니면 근래에 제기된 숙량흘과 안징재의 만남의 장소가 '야野'였다는 특이한 견해와도 관련 있는지는 용이하게 단정하기 어렵다.

사마천은 『사기』「공자세가」에서 공부자를 두고, "가난하고 천했다(貧且賤)"고 적고 있는데, 이는 공부자의 문벌이 화려하지 않았다는 표현이기도 하지만, 문벌이나 기타 후광에 의한 성현이 아니라 자수성가한 명실상부한 성현임을 지적한 것으로 이해된다.

『사기』「공자세가」에 나타난 공부자의 출생 이야기는 공부자가 다른 성현이나 영웅들과는 달리 우리들 주변에 가까이 있는 분임을 느끼게 하여, 권위적이거나 차원이 다른 성층권成層圈에 존재하는 사람이라는 따위의 거리감을 없앴다. 공부자는 따뜻한 체온과 온유한 숨결을 지닌 다정다감한 스승의 모습으로 우리들에게 다가오는 성현이다. 공부자는 당신의 과오를 서슴없이 인정하기도 하고, 때로는 제자들에게 당신의

漆雕徒父(固)　　壤駟赤(子徒)　　商澤(子季)　　石作蜀(子明)

곤혹스런 입장에 관한 인간적인 변명도 서슴없이 하였다. 이 같은 공부자의 다정다감한 면모는 당신의 출생 배경과 깊은 관계가 있다고 생각된다.

필자는 '대성지성문선왕'이라는 최고의 칭호가 붙은 만세의 스승인 공부자의 출생 부분에서 "야합하여 공자를 낳았다"는 기록에 특히 관심을 가지고 『사기』에 나타난 이 부분의 주석을 검토함으로써 인간적인 너무나 인간적인 공부자의 모습에 대해서 언급하고자 한다. 사실 필자가 공부자에게 배전倍前의 흠앙欽仰의 뜻을 갖게 된 계기도 여기에 있었다고 말할 수 있다. 다음에 약술할 내용은, 청대淸代 동치同治(1862~1874) 연간에 금릉서국金陵書局이 『사기집해史記集解』·『사기색은史記索隱』·『사기정의史記正義』 등을 합하여 간행한 판본의 것을 가감 없이 그대로 번역한 것이다.

『사기색은史記索隱』은 야합에 관하여, 이는 대체로 공부자의 아버지 숙량흘은 늙었고 어머니 안징재는 어렸기 때문에 정당한 부부로서의 관계에

任不齊(選)　　后處(子里)　　秦冉(開)　　秦商(子丕)

문제가 있으므로 야합이라고 한 것인데, 그것이 예의에 합치되지 않음을 말한 것이다. 그러므로 『논어』에서도 간혹 예에 부합되지 않은 것을 지칭할 경우 공부자가 이 '야野'자를 사용했다. 그러나 경우에 따라 '야'는 질박하다는 의미로도 사용했다.

또 『사기정의史記正義』에는 남자는 태어나서 8개월이면 이빨이 돋아나고, 8세가 되면 젖니가 훼손되기 때문에 8과 8을 합하면 16이 되는 바, 남자의 경우 16세에 양도陽道가 형성되어 통하다가, 8×8은 64가 되므로 64세에 이르면 남성은 양도가 소멸된다. 반면 여자는 생후 7개월 만에 이빨이 생겨서 7세에 젖니가 빠진다. 7의 둘을 더하면 14가 되고, 따라서 14세에 음도陰道가 통한 후, 7×7은 49이니, 그러므로 49세에 여성은 음도가 모두 단절된다. 혼인의 경우 남녀의 연령이 이를 벗어나면 야합이라 하는 것이다.

또 「공자세가孔子世家」에 이르기를 숙량흘이 노나라 시씨녀施氏女에게 장가들어 9녀를 낳고, 이에 안씨顔氏에게 구혼을 했는데, 안씨 집안에는 딸이 셋이 있었고, 그 가운데 제일 어린 딸이 안징재이다. 이 기록에 의

申黨(周)

顔之僕(叔)

榮旂(子祈)

縣成(子祺)

거하여 본다면 숙량흘이 공부자의 어머니와 결혼할 무렵의 나이는 64세가 넘었음이 분명하다.

이 같은 문헌들의 내용을 참작컨대 공부자의 출생은 확실히 남들과는 다른 점이 있다. 부부간의 현격한 연령 차이가 있었다는 사실은 후세에 화젯거리가 되었을 것이지만, 중국이나 한국 등의 유가들은 이 점에 대해서 가급적 은폐하여 논의하지 않으려 했다. 그러나 『사기』가 편찬될 무렵은 물론이고, 그 이후에도 중국의 일부에서는 별다른 구애 없이 이 같은 사실을 논의하고 있었던 것 같다.

공부자 부모의 엄청난 연령차는 결국 당신의 어린 시절이 원만하지 못했고 불행했음을 의미한다. 공부자의 이 같은 유년 및 소년 시절의 정황을 『사기』는, "공구孔丘가 태어나자 곧바로 숙량흘이 작고했는데, 이때 나이가 3세였고, 곡부현曲阜縣 동쪽 25리에 있는 방산防山에 장사 지냈으며, 어머니가 돌아가시자 역시 곡부현 서남쪽 2리에 있는 오부지구五父之衢에 묻었다"고 했다. 공부자가 아버지의 묘를 몰랐다는 설도

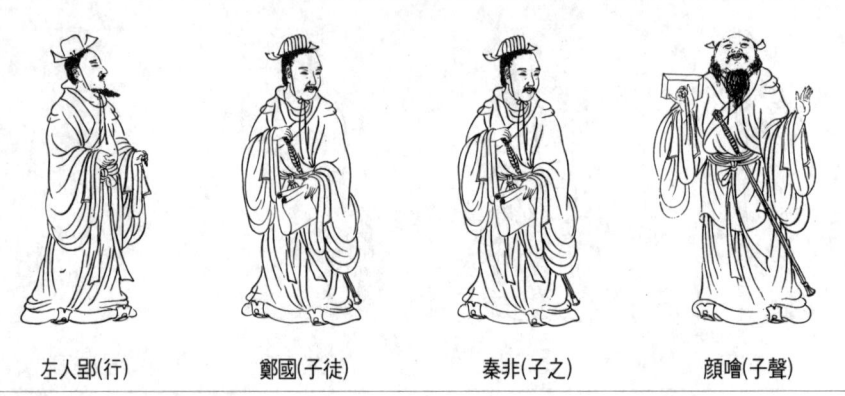

左人郢(行)　　鄭國(子徒)　　秦非(子之)　　顔噲(子聲)

있는데, 이는 당시 나이가 어렸고, 어머니 역시 20세 이전의 청상과부였기 때문에 이 같은 말들이 떠돌지 않았나 한다.

『예기』에는 공자 어머니를 아버지의 무덤이 있는 '방산防山'에 합장했다고 했다. 세 살 때 아버지를 여의고 20세 미만의 어머니 밑에서 성장한 공부자의 유년 시절 및 소년 시절은 결코 행복했다고 볼 수는 없을 것이다. 공부자의 이 같은 불우한 유년 및 소년 시절과 가난하고 한미한 가정 형편은, 당신을 따뜻한 피와 숨결이 흐르는 인간적인 너무나 인간적인 성현이 되는 모태로서 긍정적인 역할을 유감없이 발휘한 것으로 유추된다.

* * *

공부자는 『논어』를 발간할 의도가 없었지만, 문도들에 의해 출간된 이후 이를 능가할 책은 동서고금을 막론하고 없다. 『논어』가 이처럼 명저로 평가되고 저자인 공부자가 대성현이 된 이유는, 당신의 생존시까

步叔乘(子車)　　樂欬(子聲)　　廉絜(庸)　　狄黑(皙)

지 전승된 옛 성현들의 예지를 종합했을 뿐 아니라 이를 조술祖述했음을 공언했기 때문이다. 그러므로 『논어』는 인류가 존재하는 한 삶을 여유롭게 하는 불갈천不渴泉으로서, 퍼내도 퍼내도 옥수玉水가 용솟음쳐 나오는 장중한 경서인 것이다.

『논어』는 읽는 사람의 시대와 나이와 지식 정도에 따라 심오한 진리가 다양한 모습으로 구현된다. 『논어』가 품고 있는 예지는 서기전 6세기 이후부터 수많은 사람들이 밝혀냈고 지금도 천착하고 있지만 아직까지 빙산의 일각에도 미치지 못한다.

인류의 겉모습은 시대의 변천과 함께 엄청나게 변했으나, 이른바 본질적인 DNA는 절대로 변하지 않는다. 일부 학자들이 새로운 것을 찾았다고 뽐내고 있으나, 통시적으로 고찰하면 새로운 것이 아니라 오래 전부터 존재했던 것에 불과한 경우가 대부분이다. 새로운 발견이라고 한때 떠들썩했던 사안들이 얼마 안 가 우리의 기억 속에서 사라지고 마는 것은, 오래 전부터 있었던 것임에도 불구하고 공부가 모자라 새로운 것으로 착각했기 때문이다.

邦巽(子斂)　　孔忠(子蔑)　　公西蒧(子上)　　蘧瑗(伯玉)

『논어』는 인류의 귀중한 재산 중의 하나이다. 따라서 여기에 숨겨져 있는 무궁무진한 예지를 발굴하여 인류사 전개에 역동성을 불어넣는 자양분으로 삼아야 하고, 아울러 인간의 정신적 삶을 풍요롭게 하는 인자로 활용해야 한다. 또한 『논어』는 우리 겨레의 백두대간이 되고, 한강·낙동강·압록강·두만강·대동강·금강의 흐름이 되어, 한민족의 문화사와 학술사, 그리고 생활사의 한 원동력으로서 길이 작용할 것이라고 확신한다.

필자가 감히 『논어』의 행간行間에 비장秘藏된 공부자의 예지와 지혜를 재발견하고자 시도했지만, 의욕이 앞서 제대로 공효를 거두지 못했음을 자인한다. 필자의 이 같은 당돌한 시도가 성현의 뜻에 누를 끼친 것이 아닌가 하는 두려움을 무릅쓰고 이 소저를 발간한 것은, 만에 하나라도 선인들의 형안에서 탈루된 것을 찾을 수 있지 않을까 하는 요행을 기대했기 때문이다. 제현들의 질정을 앙망한다.

단기 4338년 1월 일

雲淵書室에서　李敏弘 志

琴牢(子開)　　林放(子丘)　　陳亢(子禽)　　申根(子續)

차례

서문 __ 4

1. 머리말과 교육론 __ 「학이學而」__ 26
2. 왕도정치의 덕목 __ 「위정爲政」__ 40
3. 예악론禮樂論의 전개 __ 「팔일八佾」__ 55
4. 인인仁人의 역할 __ 「이인里仁」__ 63
5. 제자들에 대한 품평 __ 「공야장公冶長」__ 71
6. 제자를 위한 구직 운동 __ 「옹야雍也」__ 79
7. 인간 공자의 풍모 __ 「술이述而」__ 89
8. 고대 성현들에 대한 단평 __ 「태백泰伯」__ 100
9. 공부자의 실의와 불우 __ 「자한子罕」__ 112
10. 공부자의 일상생활 __ 「향당鄕黨」__ 123
11. 공부자가 사랑하고 미워한 사람들 __ 「선진先進」__ 131
12. 정론政論과 현실의 괴리 __ 「안연顔淵」__ 140
13. 정치인 자질에 대한 논의 __ 「자로子路」__ 147

14. 진보주의 성향의 공자 ─ 「헌문憲問」 ─ 157
15. 공부자의 현실적 좌절 ─ 「위령공衛靈公」 ─ 168
16. 당대 현실의 객관적 진단 ─ 「계씨季氏」 ─ 178
17. 난세를 살아가는 방법 ─ 「양화陽貨」 ─ 186
18. 방자한 영도자에 대한 경고 ─ 「미자微子」 ─ 194
19. 문도의 분열과 위상의 저하 ─ 「자장子張」 ─ 203
20. 대단원과 예악의 강조 ─ 「요왈堯曰」 ─ 212

   부록 1. 공성가어도孔聖家語圖 ─ 222

   부록 2. 공자연보孔子年譜 ─ 264

논어강의

論語講義

1. 머리말과 교육론 – 「학이學而」

「학이」편의 단초

 지구상에 존재하는 생물 가운데 자식과 후진에게 헌신적으로 장구한 기간 동안 교육을 실시하는 것은 인간밖에 없다. 인간 다음으로 지능이 높다는 유인원이나 호랑이·사자 같은 설치류도, 수년간 새끼들에게 젖을 주고 먹이를 공급하다가 냉정하게 독립시킨 후, 그 이후 다시는 돌아보는 법이 없다. 설치류보다 지능이 낮은 여타의 동물들이나 물고기 등은 새끼를 양육하는 기간이 더욱 짧다. 거북이나 기타 대다수의 물고기들은 알을 낳거나 산란하여 부화시킨 후, 부모의 임무를 끝내는 경우가 대부분이다.

 소위 고등동물과 하등동물의 분류는 어미가 새끼들을 부화하여 어느 만큼 보살피며 가르치느냐에 따라 나뉘어진다고 해도 과언이 아니다. 유인원이나 설치류 가운데 간혹 집단 속에서 새끼들이 집단적 교육을 받는 흔적은 엿보이지만, 우리 인간들처럼 교육기관을 만들어 자식들을 훈육하는 예는 물론 존재하지 않는다. 부모의 교육만으로 만족하지 못하여 교육전문가를 양성하여 이들에게 자녀의 교육을 맡기는 사례 역시 인간 말고는 없다. 무리를 이루어 생활하는 몇몇 동물의 세계에서도 일종의 공교육적 기능이 얼마간은 미미하게나마 엿보이기도 하지만, 자손의 교육에 관한 한 우리 인류만큼 열광적인 관심을 경주하는 예는 우주 공간 어디에도 없는 것으로 생각된다.

인류에도 무수한 종족이 있다. 그러므로 각 민족마다 교육열에 있어서 약간의 차이가 있는 것이 사실이다. 공교롭게도 교육열의 정도에 따라 민족의 우열이 결정되고 있는 점은 특히 주목된다. 모두가 인정하느냐에 대해서는 논의가 있겠지만, 대체로 세계 여러 민족 가운데에서 우리 한민족韓民族과 유태민족이 가장 왕성한 교육열이 있다고 알려져 있다. 우리 겨레와 유태인은 주변의 많은 인구를 거느린 강대국 옆에서 통시적으로 자신을 지키며 살아왔다는 일치점이 있다. 강대국 옆에서 복속되지 않고 주체성을 지키며 살아남기 위해서 자녀의 교육이 무엇보다 중요하다는 점을 본능적으로 알았거나, 아니면 민족성의 유전인자가 교육을 통한 지식의 축적을 값진 것으로 생각하는 요인을 지니고 있었는지도 모른다.

우리나라가 인구에 비례해서 현재에도 세계 최고의 대학 숫자와 학생을 갖고 있는 것이 이를 증명한다. 근래에 와서 국가가 정책적으로 우리의 이 같은 교육열을 억제코자 수년간 노력해왔고, 지금도 계속되고 있는 듯한 느낌이 있는데, 이는 민족의 장래를 위해 대단히 위험천만한 발상이다. 우리가 5천 년간 세계 초강대국 옆에서 지금까지 자주성을 지키며 국가와 민족을 보존해온 근본 원인이 바로 '교육열' 이라고 인정한다면, 이를 새삼 거국적으로 억제하거나 또는 냉각시키려고 하는 정책 입안자들의 발상은 천추에 지탄을 받을 정책이 될 수도 있음을 밝혀두고자 한다.

우리의 교육열은 조선조 5백 년 동안에만 한정된 것이 아니라 기록에 나타난 것만을 참고해도, 신라·고구려·백제 시대부터 고려시대에도 팽배해 있었음을 확인할 수 있다. 우리나라 현존 최고의 사서史書인 『삼국사기三國史記』*보다 25년 앞선 서기 1124년에 제작된 『고려도경高麗圖經』*에도 당대의 고려인들이 유난히 교육열이 왕성하다고 기록되어 있을 정도였다. 따라서 정책 입안자들이 여타의 비본질적인 세세한 이유로 한민족의 교육열을 꺾으려고 하는 시도는 당장 중단되어야 할 뿐 아니라, 오히려 과거 및 현재보다 더욱 열렬하게 교육열을 앙양시켜야만 우리들의 미래가 찬란하게 빛날 것이라고 필자는 확신한다.

우리 민족에게 아득한 옛날부터 가장 영향력을 많이 행사한 책들 가운데 하나를 적시하라고 하면, 아마도 많은 사람들이 『논어』를 꼽을 것이다. 『논어』를 표면적으로나 사회생활 속에서 비판하는 소위 사이비 진보주의자들도 이면으로 또는 집안에서 가족들과 더불어 이야기할 때는, 모두가 『논어』적 범주를 벗어나지 않는 것으로 알고 있다. 이처럼 막강하게 영향력을 발휘한 『논어』의 첫머리가 교육을 뜻하는 '학이學而'인 것은 결코 우연이 아니다. 만세의 스승인 공부자의 저술 첫머리가 배움을 단초로 했다는 것은 지극히 당연하다고 하겠다. 역대 『논어』

* 삼국사기(三國史記) : 고려 인종仁宗 23년, 단기 3478년, 서기 1145년에 완성.
* 고려도경(高麗圖經) : 송宋나라 서긍徐兢이 1122년 고려에 사신으로 와서 약 한 달 동안 머물면서 각종 자료와 견문을 바탕으로 당시 고려 사회 각 분야에 대해 기록한 책.

를 연구한 사람들 모두가 「학이」편을 일러 인간의 근본을 힘써서 밝히고자 하는 의지의 표상인 '무본지의務本之意'가 극명하게 구현된 것이라고 말해왔다. 『논어』의 머리말에 해당하는 「학이」는 모두 16장으로 되어 있는데, 이는 도道(진리)로 들어가는 문이요, 덕德을 쌓는 기틀이며, 학자學者(배우려는 사람)가 가장 먼저 힘써야 할 것(乃入道之門, 積德之基, 學者之先務也)임을 진술한 것이라고 이구동성으로 말했다.

子曰,
"學而時習之, 不亦說乎?
有朋自遠方來, 不亦樂乎?
人不知而不慍, 不亦君子乎?"

공부자께서 말씀하셨다.
"배우고 때때로 익히니 어찌 기쁘지 않느냐.
벗이 멀리서 방문하니 어찌 즐겁지 않느냐.
사람들이 몰라준다고 해서 성내지 않으니 어찌 군자가 아니겠느냐."
(「學而」1章)

위에 인용한 『논어』「학이」편의 제1장은 3절로 되어 있다. 제1절은 배우고 배운 것을 수시로 익히니 그 기쁨이 한량없음을 말했고, 2절은 같은 뜻을 가진 벗이 멀리서 수고를 마다 않고 찾아오니 그 즐거움 역시 크며, 3절은 자신의 가치를 동류同類(뜻을 같이하는 사람)들과 달리 대중이 몰라준다고 해서 화내지 않아야 비로소 군자이라는 것을 말했다.

배움의 기본은 좋은 점을 본받아서 자기 것으로 만드는 것이라고 공부자는 정의했다. 어설픈 독창獨創은 자칫 뿌리가 머리에 나지 않고 엉덩이에 나는 것처럼 폐해가 큰 것으로 생각하고, 일가一家를 이루기 전에는 먼저 선현先賢이나 선정先正들의 언행을 본받을 것을 요구하는 공부자의 충고는 오늘날에 더욱 유효하다. 인간의 성품은 본원적으로 선하지만, 단지 그 깨달음의 선후가 사람에 따라 다를 따름이다. 그러므로 늦게 깨우친 사람은 먼저 깨달은 사람의 좋은 점을 익히는 것이 바로 배움의 기본임을 역설한 것이라고 뒷사람들은 해석했다. 배우고 수시로 익히는 것이 크나큰 희열이라는 경지는 아무래도 범인이 도달하기는 어려운 것이 사실이다.

제2절의 '벗이 멀리서 찾아오니 기쁨을 억누를 수 없다'는 느낌은, 젊은 시절보다 나이가 좀 들어야 맛볼 수 있는 경지처럼 여겨진다. 시간이 지나면 하잘것없는 신변잡사에 불과한 것들에 의미를 부여하고 여기에 골몰하느라 여념이 없는 청소년 시기에는 감히 느낄 수 없는 경지가 아닌가 한다. 『논어』 주석가들은 '붕朋'을 동류나 또는 같은 스승 밑에서 배운 동창생쯤으로 국한시키는 것이 주류이지만, 필자는 생각을 달리하는 비동류의 친구도 포함시켜야 정당한 해석이 된다고 생각한다. 그러므로 벗의 뜻을 지나치게 사전적으로 해석하는 데는 선뜻 수긍이 가지 않는다. 뜻을 같이하는 사람이야 절로 찾아오지만, 견해를 달리하는 벗이 찾아올 때, 그 기쁨은 몇 배가 될 것이기 때문이다. 정자程子는 열심히 배워서 갖추어진 선善이 모든 사람들에게 파급되어, 이를 믿고 따르는 자가 많아졌으므로 이를 기뻐한 것이라고 주석을 달았다.

제3절에서 남들이 자신의 진가를 몰라주더라도 전혀 화를 내는 법이 없어야만 진실된 군자로 지칭할 수 있다고 했다. 하남인河南人 윤돈尹焞[*]

은 배워서 지식을 쌓는 것은 자기 자신의 몫이고 이를 알아주거나 몰라주는 것은 타인에게 달려 있는데, 무엇 때문에 화를 내겠느냐고 했다. 이에 대해 주자朱子는 벗들이 멀리서 스스로 찾아오는 것을 기뻐하는 것은 천하의 공변된 도리이고, 남들이 자신의 학문적 성과를 몰라준다 하여 이를 불만스럽게 여기는 것은 사私라고 했다. 이에 덧붙여 배운다는 것은 마치 밥을 먹는 것과 같아서 자신이 먹어서 배부르면 그만이지, 남들이 자신의 배부른 사실을 알아주고 몰라주는 것이 무슨 의미가 있느냐고 했다. 배운다는 것은 자신의 몫이고 자신이 배운 바에 대해서 이를 알아주고 몰라주는 것은 타인의 몫이기 때문에, 화를 낸다는 것은 군자가 취할 태도가 아니라는 것이다. 배우는 자세와 학적 성취에 관해서 공부자도 지당한 말을 했고, 이를 주석한 윤돈이나 주자의 평석도 정곡을 찔렀다.

『논어』 머리말에 해당하는 수편이 배움을 주제로 한 「학이」편으로 시작했다는 것은 편찬자들의 형안炯眼이다. 역대의 『논어』 연구자들이 「학이」편의 취지를 지적하여 근본에 대해서 생각하고 이를 애써 성취하고자 하는 무본지의務本之意로 규정한 것은 핵심을 찌른 풀이이다. 시대가 진행될수록 교육이 인간사에 있어서 가장 중요한 것임을 통감하게 하는 마당에, 기원전 6세기경에 교육을 인간의 근본으로 설정한 공부자의 뜻은 실로 위대했다고 절감하게 된다.

서양이나 기타 여러 세계와 달리 유난히 교육을 중시하는 동양의 문

* 윤돈(尹焞) : 1071~1142 송나라 때의 학자. 자는 언명彦明·덕충德充, 호는 화정和靖. 정이程頤의 문하에서 수학. 저서로 『논어맹자해論語孟子解』가 있었으나 일실되었고, 제자가 엮은 『화정집和靖集』(8권)이 전해짐.

화 풍토는 『논어』의 수편과도 관련이 있을 것이다. 서양이 교육에 높은 관심을 기울인 것은 고대나 중세가 아니라 근세에 들어와서부터라고 필자는 생각한다. 반면 대한민국을 위시한 동양의 몇몇 나라들은 고대부터 중세를 관통하여 현재까지 교육 우위의 풍토를 면면히 지속시키고 있다. 다만 교육하는 내용은 근세에 들어와서 서양의 것을 중시하여 이를 주로 가르치고 있는 점은 과거와 차이가 난다. 동양적인 것에서 서양적인 것으로 교육 내용이 달라진 사실을 두고, 그 공과功過를 평가하기에는 아직 이른 감이 있지만, 최선의 선택이라고 하기에는 문제가 있다. 교육 내용의 이 같은 변질은 동양을 서양의 휘하에 예속시키는 결과를 초래했는데, 이에 대해 심각한 우려를 전혀 하고 있지 않은 사회 현실이 더욱 우려된다.

『논어』의 첫머리가 교육과 관련된 「학이」편으로 시작되었고, 그 제1장은 3절로 구성되어 교육에 대한 총설의 성격을 띠고 있다. 1장에 이어 계속되는 2장부터는 일종의 각론으로 지식 전달에 편중하는 교육이 아니라, 선善을 추구하는 윤리 위주의 내용을 전개하고 있다. 「학이」편 제2장은 다음과 같은 유자有子*의 말로 시작된다.

有子曰,
"其爲人也, 孝弟而好犯上者, 鮮矣.
不好犯上, 而好作亂者, 未之有也."

* 유자(有子) : B.C. 508~? 공자의 제자. 이름은 약若, 자는 자유子有. 그의 모습이 공자와 비슷하다 하여 공자 사후에 그를 스승으로 세우고 공자처럼 섬긴 제자도 있었다 함.

유자가 말하였다.
"사람됨이 효성스럽고 우애가 깊으면서 윗사람에게 거역하는 경우는 거의 없다.
윗사람에게 거역하지 않는 사람이 패역悖逆을 일삼는 경우 역시 전혀 없다."
「學而」2章)

『논어』 제2장 제1절에서는 효제孝弟를 바탕으로 한 상하上下(계급적인 의미가 아닌 윤리적인 개념)의 정당한 질서를 말하고 있다. 피상적으로 볼 때『논어』의 짜임이 별 의미 없이 편篇과 장절章節로 나열되어 있는 것처럼 보이지만, 실상은 눈에 보이지 않는 심오한 의미망으로 짜여져 있음을 확인하게 된다. 배움의 기쁨과 벗들과의 아름다운 교유, 그리고 묵묵히 주변을 살피지 않고 학문에 매진해야 한다고 1장에서 강조한 후, 2장에서는 인간 사회의 기본 단위이면서 출발점인 '가정'으로 돌아가 부모에게 효도하고 형제간에 우애를 지켜야 함을 역설하고, 이러한 인물이 사회에 나가도 함부로 윗사람에게 대들거나 작란作亂하지 않는다는 사실을 강조했다. 일상적이고 평범한 것이 최상의 진리이고, 아울러 평범하게 산다는 것이 얼마나 소중하고 어려운 것인지에 대해서 『논어』는 시대를 초월하여 가르치고 있는 것이다.

「학이」편의 결말과 「위정爲政」편의 문제 제기

유가儒家는 도가道家와 달리 교육을 중시했다. 도가는 지식을 폄하하는 경향이 강했고, 그리하여 무위자연無爲自然으로 돌아가야 한다고 역설하였다. 노자는 『도덕경道德經』에서 '배움이 없으면 걱정도 없다(絶學無憂)'고 했다. 이 구절에 대한 해석은 구구하지만 현학적 주석을 무시하고 단순하게 파악한다면, 별 쓸모 없는 지식은 습득하지 말라는 것이다.

노자는 여기서 한 걸음 더 나아가 '성聖을 끊고 지智를 버려라(絶聖棄智)'하고 요구했다. 이에 대해서도 논리 정연한 주석이 수천 년간 시도되었지만, 이는 성인이라고 떠들어대는 사이비 성인의 영향에서 벗어나고 하잘것없는 지식의 굴레로부터 해방되어야만 백성의 이익이 진실로 증대되고 편안해진다는 주장으로 생각된다. 사실 우리는 지금도 너무나 불필요한 지식을 많이 갖고 있고, 이 같은 쓸모 없는 지식을 과시하는 각계 각층의 사이비 지도자들에 의해 폐해를 입고 오도되는 일이 비일비재하다.

한편 노자는 이와 상통하는 주장, 즉 흙으로 그릇을 만들 때는 그 속을 비우고, 집을 짓거나 방을 만들 때는 그 안을 비워야만, 그릇 속에 물건을 담고 방 안에 가구를 놓고 기거할 수 있게 된다는 '무유지용無有之用'을 강조하기도 했다. 아무튼 노자는 당시의 성인이나 지식에 대해 호의적이지 않았으므로 학문 역시 높게 평가하지 않았는데, 이는 학문을 인간의 기본으로 삼았던 공자와 대조적이다.

공자는 학문을 인간의 기본으로 보았으므로 교육을 최우선으로 삼았다. 그러므로 『논어』의 머리편이 「학이學而」편임은 결코 우연이 아니다. 『논어』「학이」편은 그 첫머리에서 배우고 때때로 이를 익히는 것은 기쁨이라고 선언했고, 끝머리에서 남이 자기를 이해해주지 않는다고 걱정하지 말고 자신이 타인을 제대로 모르고 있음을 걱정하라고 결론지었다.

子曰,
"不患人之不己知, 患不知人也."

공부자께서 말씀하셨다.
"남들이 자기를 알아주지 않는다고 근심하지 말고, 자신이 남을 알아주려 하지 않음을 걱정하라."(「學而」 16章)

사람은 누구나 자신을 여러 사람들 앞에 내세우려는 속성이 있다. 인간이 보도매체를 유난히 좋아하는 이유도 이에 말미암은 것이고, 다른 동물들에 비해 복색服色과 화장품이 발달한 까닭도 여기에 있다. 인간은 대체로 향내적向內的인 면보다 향외적向外的인 면이 우세하다. 따라서 눈을 안으로 돌려 자신을 관찰하기보다는 밖으로 가져가 타인들을 즐겨 주시하는 편이다. 거울 보는 것을 좋아하지만 이는 거울을 통해 자신을 보기 위해서가 아니라, 남들 앞에 자신을 잘 보이도록 하기 위해서이다. 중인환시리衆人環視裏에서는 행동거지를 반듯하게 하지만, 홀로 있을 때는 대부분 자세가 흐트러지고 방만해지기 마련인데, 이를 경계하기 위해 선인들은 신독愼獨을 특히 내세웠다.

남자는 지기知己를 만나면 목숨도 바칠 수 있다고 알려져 있다. 반면 자기를 이해하고 인정해주지 않으면 불만스러워하는 것도 인간이다. 자신을 대중 앞에서 과시하려는 마음은 지식인일수록 강하다. 따라서 이들이 많은 시간과 정성을 들여 온축한 지식을 천양闡揚하고 이를 현실에 적용하여 경국제민經國濟民하겠다는 의지를 가질 것은 당연하다. 공부자는 지식인의 이러한 속성을 간파하여 경각심을 일깨웠다. 지식인은 다량의 지식을 습득한 관계로 성정性情이 정감적이기보다는 이성

적일 소지가 있다. 그런데 이성에 지나치게 경사했을 경우 자칫 비인간적인 면이 두드러지는 경향이 있으므로 이를 보완하기 위해 공부자는 『시경』을 「학이」편 말미에 인용했다.

子貢曰, "『詩』云, '如切如磋如琢如磨', 其斯之謂與?"
子曰, "賜也, 始可與言『詩』已矣."

자공이 말했다.
"『시경』에서 절차탁마라고 했는데 이를 말하는 것입니까?"
공부자께서 말씀하셨다.
"자공과는 비로소 『시경』에 대해 함께 의논할 수 있겠구나."

(「學而」15章)

자공子貢*이 학문을 정치精緻하게 하라는 의미로 '절차탁마'를 해석하자, 공부자도 이를 전폭적으로 긍정했다. 절切과 차磋는 자르고 가는 것을 뜻하는데, 이는 주로 골각骨角 등을 다듬는 데 사용하고, 탁琢과 마磨는 옥석玉石을 연마하는 데 쓰이는 말이다. 절차와 탁마는 모두 상아나 뿔 그리고 옥과 돌을 보배로 만들기 위해 거쳐야 할 필수 과정이다. 인간 역시 교육을 받지 않으면 마치 다듬지 않은 상아나 옥 덩어리처럼 지닌 바의 가치가 발휘되지 못한다. 자공이 학문하는 자세를

* 자공(子貢) : B.C. 520~? 공자의 제자. 이름은 단목사端木賜, 자공은 그의 자. 언변이 능하였고 이재理財에 밝아 재산이 많았으며, 노魯나라와 위衛나라의 재상을 역임함. 공자 사후에 다른 제자들은 3년상을 마치고 돌아갔으나, 자공만은 무덤 옆에 여막을 짓고 3년을 더 지키다가 떠났다 함.

『시경·위풍衛風』의 「기오淇奧」편을 들어서 비유한 것은 절묘한 착상이고, 공부자가 이를 찬상한 것 또한 당연하다.

절차切磋는 배움을 말한 것이고, 탁마琢磨는 인격 수양을 뜻한다는 해석도 있다. 공자의 견해는 노자가 배움에 대해서 과소 평가한 것과는 차이가 있는데, 역사에서 노자를 성인이 아닌 진인眞人으로 부르는 이유도 여기에 있다. 시대가 흘러갈수록 배움은 더더욱 중요성을 더해가고 있다. 그런데 배우는 시간이 점점 길어지고 온축된 지식의 양이 많아질수록 인간은 그만큼 더 냉정해지고 오만해질 소지가 많아진다. 공부자도 이 점을 알았기 때문에 당대 최고 지식인의 하나였던 자공이 『시경』을 인용하여 배움의 자세와 목표를 말한 것에 대해 격찬을 아끼지 않았다.

지식인은 필수적으로 『시경』을 읽어야 한다는 명제를 제시한 공부자의 선견지명으로 인해, 우리 동양의 지식인들은 세계 어느 지식인보다 인간적이고 온유돈후溫柔敦厚할 수 있는 기틀이 마련되었다. 우리나라를 비롯한 동양의 역대 지식인들은 너나 할 것 없이 전부 백성을 중시하는 민본의식民本意識을 갖고 있었다. 소위 민주주의가 서양에서 창출되고 발전했던 이유는 그들 국가가 가장 비민주주의적이어서, 지배계층에 있었던 지식인들이 백성을 못살게 굴고 착취했기 때문이 아니었던가 한다. 동양에 있어서 민주주의는 아득한 옛날부터 이미 존재했던 이념 중의 하나일 따름이다. 지식인이 시를 짓고 시를 읊는다는 것은 성정을 순화시켜 백성을 너그러운 마음으로 보살피는 기틀이 되었고, 그로 인해 민본주의가 일찍부터 꽃필 수 있었다.

『논어』「학이」편의 결말이 『시경』과 연관된 것은 매우 인상적이다.

『시경』의 인용은 「학이」편뿐만 아니라 다음에 이어지는 「위정爲政」편에도 계속된다. 「학이」편 16장 중에서 제1장과 제16장이 서로 무의미하게 배치되지 않고 암암리에 일관된 끈으로 묶여 있음을 규지窺知했을 때라야만 『논어』의 심오한 의미 체계가 가슴으로 다가온다. 지식인은 정치하게 학문을 연마해야 하지만 이에 그치지 않고 삶의 정서가 녹아 있는 『시경』을 읽어야 하며, 자신이 터득한 지식의 양만큼 대접받지 못함을 불만스러워하기보다는 스스로 남을 인정하고 알아주기 위해 노력하라고 한 공부자의 교시敎示는, 2600여 년 전은 물론이고 21세기의 오늘에도 유효적절하다. 공부자는 정치는 학문을 완성한 지식인이 해야 한다고 확신했다. 그렇기 때문에 「학이」편 다음에 바로 이어서 「위정」편이 계속되는 것이다.

子曰, "爲政以德, 譬如北辰, 居其所, 而衆星共之."

공부자께서 말씀하셨다.
"덕德으로 정치를 하면 비유컨대 북신北辰이 제자리에 있고 모든 별들이 그 주변을 도는 것과 같다."(「爲政」 1章)

동양에서 북신(북극성도 포함됨)은 천체의 중심축으로 인식되었다. 하늘의 무수한 별들이 서로 충돌하지 않고 질서정연하게 돌아가는 것은 하늘의 섭리가 있기 때문이다. 북신을 둘러싼 뭇 별들이 절묘하게 순환하는 것처럼 정치도 이러해야 한다고 공부자는 말했다. 위정자는 북신처럼 어떤 일이 있어도 흔들리지 않고 제자리에 의연히 있어야 하며, 이를 보필하는 지식인들은 북신을 위요圍繞하고 도는 여러 별들처럼 제

길을 가야만 나라가 제대로 지탱된다는 것이다. 북신의 '신辰'에 대해 소자邵子*는 땅에 돌이 없는 부분을 토土라고 하며, 하늘에 성星이 없는 곳을 신辰이라 칭한다고 했다. 한편 주자朱子는 북신에는 오성五星이 있고 신辰은 성星이 아니고 중간 계분界分이라고 해석했다.

후세의 연구자들은 정政을 정正으로 풀이하여 올바르지 못한 사람을 바로잡는 것이라고 했다. 또 덕德은 득得으로 해석하여 도를 행하여 마음에 얻는 것을 의미한다고 했다. 덕치德治를 하면 움직이지 않아도 절로 감화되고 말하지 않아도 믿게 되어, 천하가 절로 귀의하게 된다고 보았다. 덕은 삼사三事, 즉 정덕正德·이용利用·후생厚生 중 하나이기도 하다. 덕치는 동양의 고전적 정치이념으로서, 서양의 소위 민주주의를 온갖 방법으로 확대 부연하거나 미화한다 해도 영원히 미치지 못할 경계이다.

* 소자(邵子) : 1011~1077 송나라 때의 학자 소옹邵雍을 말함. 호는 안락선생安樂先生, 자는 요부堯夫, 시호는 강절康節. 수리철학數理哲學에 밝았음. 저서로 『황극경세서皇極經世書』·『관물내외편觀物內外編』 등이 있음.

2. 왕도정치의 덕목 - 「위정爲政」

온고이지신溫故而知新

동양사상의 핵심은 '시詩·서書·예禮·악樂'이다. 시·서·예·악에는 여러 가지 해석이 있겠지만, 대개 『시경詩經』·『서경書經』·『예기禮記』·『악기樂記』의 사유체계를 뜻한다. 공부자가 『시경』을 다른 어떤 경전보다 중시한 것은 『시경』이 시·서·예·악 중 첫머리에 나와 있는 것과도 관계가 있다. 공부자의 정치사상을 주로 편차한 「위정爲政」편의 첫머리에서, 정치는 덕치德治를 해야 하고, 덕으로 정치를 하면 그것은 마치 북녘 하늘에 있는 북극성을 중심으로 하여 모든 별들이 질서정연하게 돌아가는 것과 같다고 했다. 우주질서를 정치에 대비한 수장首章에 이어 바로 『시경』을 거론하면서 『시경』의 주제의식에서 '위정爲政'의 본질을 찾아야 한다고 공부자는 말했다.

　　子曰, "詩三百, 一言而蔽之曰, '思無邪'."

공부자께서 말씀하셨다.
"『시경』 삼백 편을 한마디로 요약하면 생각에 '사특함이 없다' 이다."

(「爲政」 2章)

시삼백詩三百은 『시경』 311편을 지칭했다. 제목만 전하는 것도 있긴 하나 현재 남아 있는 편장은 모두 311장이다. 조선조에도 대체로 『시경』이라고 하기보다는 '시삼백' 등의 용어를 즐겨 사용했다. 『시경』에 경經 자를 첨가한 것은 『시경』의 본질을 밝혀내는 데 장애가 된다는 설도 있다. 『시경』은 제왕帝王을 비롯한 공경대부公卿大夫와 만백성들의 천심만혼千心萬魂을 노래한 가요집이다.

공부자가 「위정」편 머리에 북신과 북신을 둘러싸고 돌아가는 중성衆星을 언급한 다음 『시경·노송魯頌』「경駉」편을 인용한 데에는 그만한 이유가 있었을 것이다. 3백여 편의 『시경』 시詩 주제에는 선과 악이 혼재되어 있다. 선을 통하여서는 선심善心을 감발시키고, 악을 통하여서는 사특한 마음을 억제케 하는 경각심을 일으키게 하여, 한결같이 성정지정性情之正을 얻게 하는 데 목적이 있다. 공부자가 『시경』의 모든 시가 사특함이 없다고 결론 지은 것은 이를 두고 말한 것이다. 선을 통하여 선을 배우고, 악을 통하여서는 악을 버리는 마음을 가지라는 의미이다. 정치를 하는 위정자爲政者들은 모름지기 사심을 버릴 것을 요구한 것인데, 이를 직설하지 않고 『시경』을 인용하여 완곡하게 표현한 것은 공부자의 특장이다.

子曰, "道之以政, 齊之以刑, 民免而無恥. 道之以德, 齊之以禮, 有恥且格."

공부자께서 말씀하셨다.

"정령政令으로 인도하고 형벌로 제재를 하면 백성들은 면하려고만 하고 부끄러워할 줄 모른다. 덕德으로 인도하고 예禮로써 이끌면 부끄러움도 알고 근본도 선하게 된다."(「爲政」3章)

'정政'은 법제法制와 금령禁令을 뜻하고, '형刑'은 형벌을 의미한다. 갖가지 법규와 율령을 만들어놓고 이를 어기는 자에게 형벌을 가해서 백성을 다스리고자 하면, 백성들은 법망을 피하려고 할 뿐이지 악을 행하고자 하는 마음은 없어지지 않고 그대로 남아 있다는 것이다. 반대로 덕으로 이끌고 예로써 다스리면 백성들은 악을 부끄러워하여 한결같이 선으로 나아간다고 했다. 공부자는 덕치德治와 예치禮治를 강조하고 정政·형刑으로 국가를 통치하지 말 것을 요구했다. 공부자의 이 같은 위정사상爲政思想을 두고 현실과 괴리된 이상주의적 발상이라고 말하는 사람도 있다. 이상주의적 면이 없는 것은 아니지만, 동방의 여러 민족이 서양의 제 민족들과 달리 법령이나 제도 등에 관해서 본능적으로 거부감을 갖고 있다는 동양 민족 특유의 성향을 투시했기 때문이 아닌가 한다.

우리 한민족의 경우도 법령에 관한 한 특별한 의식이 없는 듯하고, 법을 어기고도 노출만 되지 않으면 양심의 가책 같은 것도 별로 받지 않는 듯하다. 게다가 현재 우리 주변을 빽빽이 에워싸고 있는 각종의 법규들은 민족 전래의 법이 아니라, 서양이나 일본의 법령을 거의 그대로 베낀 것이 대부분이어서 이에 대한 거부감은 한결 심하다. 동방 여러 민족의 이 같은 민족성을 감안했기 때문에 공부자는 덕치와 예치를 기원전 6세기경에 주장했던 것이다. '민면이무치民免而無恥(백성들은 면하려고만 하고 부끄러워할 줄 모름)'의 상황은 오늘의 현실이기도 하니 안타까울 따름이다.

공부자는 「위정」편을 통하여 효孝에 대해서 상당한 관심을 표했다. 「위정」편 24장 가운데 효에 배당된 것은 모두 4장이니 6분의 1을 차지하고 있다. 정치는 효를 실현시켜야 한다는 의미가 되는데, 이는 가정家庭의 중요성을 말한 것이기도 하다

> 樊遲御, 子告之曰, "孟孫, 問孝於我, 我對曰, '無違'."
> 樊遲曰, "何謂也?"
> 子曰, "生事之以禮, 死葬之以禮, 祭之以禮."

> 번지*가 공부자를 위해 수레를 몰고 있을 때 공부자께서 이르기를, "맹손孟孫이 나에게 효에 대해서 묻기에 '어김이 없는 것'이라고 대답했다"고 했다.
> 번지가 "무슨 의미입니까?" 하고 되물었다.
> 공부자는 "살아 계실 때 예로써 섬기고, 돌아가시면 예로써 장례를 치르고, 제사를 모실 때도 예로 하는 것이다" 했다. (「爲政」 5章)

공부자가 「위정」편을 통하여 효를 이처럼 강조한 것은 공자의 시대에도 효가 발휘되지 못했기 때문이라는 해석도 가능하다. 자고로 인정人情은 물과 같아서 가만히 놓아두면 아래로 흘러가지 위로 올라가는 법이 없다. 그러므로 인간은 부모에 대한 효보다 자식에 관한 애정이

* 번지(樊遲) : B.C. 515~? 공자의 제자. 이름은 수須. 자는 자지子遲.

몇 배나 강한 것이 사실이다. 효가 수천 년 전부터 이처럼 강조된 이유는 강조하지 않을 경우 효심이 퇴색되는 현상에 말미암았다는 추론도 일리가 있다. 부모보다 자식을 더욱 사랑하게 만든 것은 종족 보존을 위한 조물주의 오묘한 섭리이며 또한 본능처럼 여겨지기도 한다. 서양은 인간의 이 같은 천성을 그대로 방치하는 경향이 있는 듯한 데 반해, 동양문화에서는 제재를 가하고자 했다. 특히 우리나라에서는 아래로만 쏠리려는 인정을 위로 끌어올려 부모를 사랑하게 하는 것에 만족하지 않고 종족의 시조까지 공경하도록 유도했다.

공부자의 효사상은 모르긴 해도 그 정수를 이어받은 국가와 민족은 우리가 아닌가 한다. 중국이나 일본 등 동북아 및 동남아 제국에도 효는 있지만, 우리 민족만큼 강한 예는 없다. 은연중 아래(자손)로만 내려가려는 정을 위로 올리기 위해서는 어떤 장치가 필요하기 마련인데, 그 장치가 바로 예禮였다.

예의 범주는 광범위하다. 정치제도와 종교, 각종의 법령 따위도 예의 하위 영역에 속한다. 그러나 공부자가 효와 관련시켜 말한 예는 절차節次를 뜻한다. 살아 계실 때 섬기고(事之), 돌아가셨을 때 장사지내고(葬之), 돌아가신 후 제사를 올리는(祭之) 등의 절차를 통하여 효심을 발양發揚시켜 정착시키고자 했다. 불가佛家에서는 '생生・노老・병病・사死'의 질곡에서 벗어나려고 했던 데 반해, 유가儒家에서는 이를 긍정하고 '관冠・혼婚・상喪・제祭'에 수반되는 절차를 마련하여 '생・로・병・사'를 경건한 의식으로 승화시키려고 했다. 관례冠禮를 통하여 성인成人의 책임을 인식하게 하고, 혼례婚禮를 통하여 가정을 이루어 사회의 구성원으로서 의무를 수행하게 했고, 상례喪禮를 통하여 누구에게나 닥쳐오는 죽음을 도식화하여 슬픔을 뛰어넘어 죽은 자나 살아 남은 자에게 반성할 기회를 주었으며, 제례祭禮를 통하여 돌아가신 선조들이 후손들에게 귀감이 되어 살아 있다고 느끼게 했다.

상례와 제례를 무의미한 것으로 치부하고 시대가 흘러갈수록 간소화시켜 왔고, 조만간 현재의 껍데기만 남은 의식조차도 폐기 처분될 위기에 처해 있다. 시대에 따라 예는 변해야 하지만, 예의 본질마저 괴멸될 경우 이로 인해 초래될 비인간적인 결과는 두렵기만 하다. 우리는 개혁이라는 미명을 내세워 전래된 귀중한 것들을 얼마나 많이 잃어버렸는지를 냉철하게 반성할 시점에 와 있다. 사실 개혁이 아니라 개악을 자행하고 있었는데도 불구하고, 그것을 개혁으로 착각하고 살아온 지도 어언 한 세기가 지나고 있다. 지금의 진행과정을 살펴보건대, 이른바 21세기에는 더 많은 우리의 값진 것들을 상실하지 않을까 하는 위기감을 느낀다.

현재 우리는 우리와는 전혀 관계도 없는 '밀레니엄'이라는 해괴한 용어를 마치 만병통치약이나 되는 것처럼 떠들어대고 있다. 도대체 서력기원이 우리들과 언제부터 그처럼 밀접한 관계가 있었다고 도하都下의 각종 언론매체들을 위시해서 내로라하고 뽐내는 지식인들이 입에 침이 마르도록 외쳐대는 까닭을 필자는 이해할 수 없다. 2000년이 오면 오는 것이고 2000년이 왔다고 해서 우리가 달라질 것이 얼마나 되는지 납득이 안 간다. 서력기원은 편의상 사용하면 그만이지, 서력기원에 맞추어서 5000년의 유구한 민족문화를 초라하게 만들 이유가 어디에 있는지 묻고 싶다.

모두들 바지춤이 흘러내리는 것도 모르고 소리치고 있는 소위 밀레니엄의 새 천년은 아마도 혹독한 시련의 시기일 것으로 필자는 생각한다. 세계 도처에 민족주의의 열풍이 요원燎原의 불길처럼 피어올라 강대국을 괴롭힐 것이고, 이로 말미암아 새로운 세계 질서가 창출될 것으로 예측되는 그런 시대이다. 그러므로 우리는 이른바 밀레니엄 시대를 맞이하여 우리의 전통문화를 되돌아보고 챙기는 것으로 대비책을 삼아야 하며, 그러기 위해서 『논어』에서 많은 지혜를 얻어야 하는 것이다.

　　子曰, "溫故而知新, 可以爲師矣."

　　공부자께서 말씀하셨다.
　　"옛것을 보존하고 새것을 알면 스승이 될 수 있다."(「爲政」11章)

개혁은 과거를 부정하는 데서 출발한다. 그러나 대부분의 개혁이 실패하는 이유는 부정할 것을 부정하지 않고, 긍정할 것을 부정했기 때문이다. 개혁하려는 사람들은 대체로 심성이 교만한 경우가 많다. 과거와 현재와 미래는 각각이 아니고 하나라는 사실을 인정하지 않으려는 비뚤어진 사고방식에 문제가 있다. 개혁이 갖는 치명적인 결함은 장독 속에 구더기 몇 마리만 잡아내면 될 것인데도 불구하고, 흔히들 자아도취에 빠져 용감무쌍하게 장독대 모두를 부셔버리는 데 있다.

한 국가가 향유하고 있는 전통문화는 수천 년의 시간과 싸워서 살아남은 검증된 보물 같은 것인데도 불구하고, 흥미를 끄는 검증되지 않은 새로운 사유에 입각하여 이를 폐기처분하는 것은 개혁이 아니다. 개혁이라는 이름 아래 자행된 소련과 중국 등의 전통문화 파괴가 가져다준 피해를 목도한 우리 세대들은 겸허한 자세로 공부자가 말한 '온고이지신溫古而知新'을 명심해야 할 것이다.

군자정치의君子政治 희구希求

공부자는 정치의 담당자는 '군자'이어야 한다고 했다. 서양에서도 철인정치를 일찍부터 논의해 왔다. 군자와 철인은 대동소이한 인물 유형이지만, 군자의 인간됨은 철인보다 도덕을 가일층 중시한 감이 있다. 공부자가 말한 군자는 최고 통치자인 제왕을 가리킨 것은 아니다. 동양에 있어서 정치의 잘잘못에 대한 책임은 제왕에게 있다고 했지만, 제왕을 보필하는 군자들의 책임도 막중하다고 인식했다. 그러므로 헤아릴 수 없이 많은 상소문들은 거의 대부분 군심君心이 바로잡혀야 정치가 바로 선다고 했다. 정치의 모든 면을 최고 통치자에게 집중시킨 상투적인 주장이라고 필자는 생각하고 있었다. 그러나 그 같은 주장이 수없이 되풀이된 것은 응분의 이유가 있었음을 근래에 새삼 깨닫게 되었다.

서양은 잘 모르겠지만, 우리나라의 경우에는 법이나 제도적인 절차와 관계없이 모든 것이 최고 통치자의 의중에 따라 진행되어 왔다. 이 같은 사실을 재확인할 때마다 소위 윗분의 마음, 즉 군심을 바로잡는 것이 얼마나 중요한가를 통감하게 된다. 동방에서는 역사가 후대로 진행될수록 정치가의 질이 저하되는 것으로 판단하여, 이상적인 지도자상을 항상 과거에서 찾는 경향이 있었다. 즉, 인류의 이상적인 최고 지도자는 복희伏羲 · 신농神農 · 수인燧人* 등의 삼황三皇이고, 그 다음이 소호少昊*・전욱顓頊・제곡帝嚳・요堯・순舜 등의 오제五帝이며, 오제 다음이 문왕文王・무왕武王의 이왕二王이라고 인식한 것이다. 이른바 왕도정치王道政治는 이들 주대周代 왕들의 정치를 의미한다.

  정치에는 왕도王道와 권도權道 그리고 패도覇道가 있다고 했다. 왕도정치는 추구하는 정책 지표도 훌륭하고 이를 시행하는 방법도 이치에 부합되는 것을 뜻하고, 권도는 목표는 올바르지만 방법이 정당하지 못한 통치 형태를 말하며, 패도는 정책의 지표도 나쁘고 시행 방법도 정당하지 못한 정치를 의미한다. 왕도가 현실적으로 불가능하다고 한다면 적어도 권도정치는 해야 한다는 것이 동방의 정치이론이었다. 정당한 목적을 실현시키기 위해 방법론에 있어서 다소간의 무리는 용인될 수 있다는 시각이다. 반면 패도의 경우는 목적도 나쁘고 방법도 잘못된 정치 형태를 지칭한 것으로, 근・현대 각국의 정치 양상을 파악하는 데 이 같은 분류는 참고가 된다.

  일찍이 진시황제는 삼황오제의 덕을 자신이 모두 갖추었다고 단정하고 스스로 시황제始皇帝라고 자긍하기도 했지만, 후세 사가史家들의 평가는 이와 정반대이다. 삼황에서 오제에 이르는 태평성대를 거친 후, 계속해서 이왕二王의 왕도정치 시대가 지속되다가 중세에 들어와서 패자覇者의 무리들이 국가를 통치하기 시작했고, 종국에는 금수와 같은 무리들이 정치를 담당했다는 것이 중국의 역사 인식이었다. 사실 어찌 보면 일정한 원칙을 지키는 금수보다도 더 못한 인물들이 동서양 근・

  * 수인燧人을 황제黃帝로 대체하기도 함.
  * 소호少昊 대신 황제黃帝로 보기도 함.

현대사의 정치를 담당하지 않았나 하는 의심도 든다. 이런 인식이 타당하다면 '금수도禽獸道'를 추가할 필요성도 있을 법하다. 중국에서는 주나라 말엽의 오패五覇*와 당태종唐太宗 등을 패자의 대표적 제왕으로 보고 있다. 당태종은 중국의 삼대 정치인*임에도 불구하고 조선조朝鮮朝에서도 패자로 규정하여 폄하했다.

기원전 6세기 무렵에 공부자가 군자정치를 역설했다는 것은 그 시대에도 이미 정치가들이 백성의 지지를 얻지 못했음을 뜻한다. 천차만별의 이익집단을 통어統御해야 하는 정치가가 만백성에게 사랑받기는 사실상 불가능하다. 공부자는 이 같은 정치가의 위치를 누구보다 잘 알았기 때문에 군자가 정치를 해야 한다고 말한 것이다.

子曰, "君子, 不器."

공부자께서 말씀하셨다.
"군자는 포괄적인 덕을 갖추어야 한다."(「爲政」 12章)

子貢問君子, 子曰, "先行其言, 而後從之."

자공이 군자는 어떤 사람을 말하느냐고 질문하자, 공부자께서 말씀하셨다.
"말보다 행동을 먼저 하여 말이 행동을 따르게 하는 사람이다."
(「爲政」 13章)

* 춘추오패(春秋五覇) : 춘추시대 5인의 패자覇者. 오백五伯이라고도 함. 제환공齊桓公, 진문공晉文公, 진목공秦穆公, 송양공宋襄公, 초장왕楚莊王.
* 중국의 삼대 정치인 : 진시황秦始皇, 한무제漢武帝, 당태종唐太宗.

子曰, "君子周而不比, 小人比而不周."
공부자께서 말씀하셨다.
"군자는 사람을 널리 사랑하여 편벽되게 패거리를 짓지 않지만, 소인은 편당偏黨을 일삼아 두루 친애하지 않는다."(「爲政」14章)

참된 정치가는 자기가 소속된 부류나 지역의 이익을 위해 여타의 유파나 고장을 불리하게 해서는 안 된다. 중국에서는 황제가 자신이 믿는 종교를 재위기간에는 표면화시키지 않는 것을 미덕으로 인식하였다. 이 같은 전통은 현대에 와서 더욱 절실히 요구되는 덕목이다. 서양과 아랍 세계 등 몇몇 나라를 제외한 수많은 다종교 국가들에서 최고 지도자가 자기가 믿는 종교만을 인정하고 여타의 종교를 부정한다면, 국가는 혼란의 와중으로 떨어진다. 공부자가 제창한 '군자불기君子不器'도 종교를 예로 든다면 백성들의 다양한 신앙과 문화를 포용하라는 의미로 해석하는 것이 마땅하다. 동양문화의 특성을 말한다면 다양성을 첫째로 들 수 있다. 고대의 종교를 위시한 제반 문화가 수만 년의 역사를 거치면서도 존속하고 있는 것은, 역대의 지도자들이 이들 선행 문화를 자신의 의사에 부합되지 않는다고 해서 말살하지 않았기 때문이다. 동방의 문화가 이같이 단절되지 않고 지속적으로 발전한 이유는 군자가 정치를 담당한 데서도 찾을 수 있다.

이와는 달리 서양의 경우는 국가나 정치가들이 정한 종교와 문화 이외에는 대부분 철저하게 제거하려고 시도했고, 이 같은 시도가 거의 성공한 것으로 생각된다. 그러므로 서양문화는 동양문화에 비해서 비교적 단순한 것으로 생각해도 무리가 없다. 서력기원을 기준으로 하여 소위 19세기와 20세기는 서양문화가 승승장구한 시대였던 것이 사실이다. 그러므로 21세기도 대체로 서양문화가 횡행할 것으로 예측하고 있지만, 21세기는 서양문화가 퇴조하는 기간이라고 필자는 단정하고 있다. 단순성은 일정한 기간 동안 위력을 발휘하는 데에는 일조가 되지만, 시간이 흘러가면 내부의 모순이 극대화되어 다양성에 패퇴하는 경우가 허다했다. 획일 문화를 설사 온갖 교묘한 장치를 가동시켜 무리하게 지속시킨다 해도, 인류문화사에 있어서 그것이 끼친 해악은 너무 심대했음을 역사를 통하여 알고 있다.

공부자가 '정치는 군자가 담당해야 한다'고 역설한 이유는 편당을 가르지 않고 잡다한 격식에 얽매이지 않으며 자신과 견해를 달리하는 사람들도 인정하는 '주이불비周而不比'의 정신을 가졌기 때문이다. '주周'는 보편이고 '비比'는 편당이라는 역대의 해석이 이를 뒷받침한다. 조선조의 영종英宗이 국립대학인 성균관을 방문하여 공부자의 이 구절을 비석에 새겨놓은 이유도 여기에 있다. 우리는 이를 일러 '탕평비蕩平碑'라 하고 있고, 지금도 성균관대학교 정문에 우뚝 서 있다. 사실이 같은 내용을 담은 탕평비는 전국의 국립대학과 모든 사립대학에 다시 건조하여 세워야 할 시점에 와 있다. 왜냐하면 우리가 살고 있는 이 시대는 행동을 하지 않고 말만 앞세우고, 두루 사랑하지 않고 자기 계파에 속하는 사람과 자신의 지역만을 편애하는 것이 너무 심하기 때문이다.

공부자가 이를 강조한 것도 그 시대 역시 주周(공公)는 없고 비比(사私)만 극성했던 까닭이 아니었던가 한다. 군자의 반대는 소인이다. 공부자의 시대처럼 요즘도 군자는 없고 소인들만 득실거리는 참담한 시대에 우리는 살고 있다. 따라서 정치 현실에도 군자에 비해 너무나 많은 소인이 우글거리고 있음을 통감하고 있다. 군자는 지식과 덕을 구비해야 한다. 지식의 분량은 너무나 엄청나기 때문에 비록 군자일지라도 전부를 알 수는 없다. 이를 감안한 공부자는 지知 즉 앎에 대해서 다음과 같이 말했다.

子曰, "由, 誨女知之乎? 知之爲知之, 不知爲不知, 是知也."

공부자께서 말씀하셨다.
"유由*야, 너는 앎이 무엇인지 아느냐? 아는 것을 안다 하고 모르는 것을 모른다 하는 것이 바로 앎이니라."(「爲政」 17章)

동서양을 막론하고 성현의 말씀은 동일하다. 서양의 소크라테스도 일찍이 '희랍 최고의 지식인은 소크라테스이다' 하는 명문이 델피 신전에 있다는 말을 제자들에게 듣고, 고개를 갸웃거리다가 '그렇다, 나는 내가 모르는 것이 많다는 사실을 알고 있기 때문에 현자일 수 있다' 하고 응수한 적이 있었다. 항상 무력과 용력을 앞세워 뽐내는 자로子路에게 모르는 것을 모른다고 하는 것이 참된 앎이라고 타이른 공부자의 말은 근래에 와서 더욱 절실하게 느껴진다.

이제 지식은 인간 두뇌의 소유가 아니라 컴퓨터 소프트웨어의 입력물이 되고 있다. 인간의 두뇌 속에 축적된 지식과 컴퓨터에 입력된 지

* 중유(仲由) : B.C. 542~B.C. 480 공자의 제자. 자는 자로子路. 성미는 거칠었으나 꾸밈없는 인품에 용기가 있어 가르침을 받으면 실천에 옮겼음. 위衛나라에서 벼슬을 하던 중 내란이 일어났을 때 스스로 도의적 입장에서 전사戰死를 택함. 내란 소식을 듣고 공자는 그의 죽음을 예언했다 하며, 그가 죽자 공자는 "내가 유를 얻은 뒤로부터는 다른 사람들의 험담이 나의 귀에 들리지 않았는데…" 하며 탄식함.

식은 본질적으로 다르다. 기계화된 지식은 지식의 한계가 무궁무진하다는 것을 인식할 수 없는 약점이 있다. 모르는 것을 모른다고 인식하지 못하고 알고 있는 지식을 전부라고 확신하는 것이 기계화된 지식의 또 다른 맹점이다. 그것은 마치 무기물無機物과 유기물有機物의 차이와 같아서 그 폐해가 가져다줄 결과가 두렵기만 한 그런 지식이다. 모르는 것을 모른다고 감히 말할 수 있는 유기적 지식을 가진 참 지식인을 무엇보다 필요로 하는 시대에 우리는 살고 있다. 불행하게도 인간의 두뇌 역시 컴퓨터를 닮아서 점점 무기물의 덩어리로 변해가는 듯하여 안타깝기 그지없다.

子曰, "非其鬼而祭之, 諂也, 見義不爲, 無勇也."

공부자께서 말씀하셨다.
"제사해서는 안 될 귀신을 제사하는 것은 아첨이고, 정의를 보고 이를 실천하지 않는 것은 비겁한 것이다."(「爲政」 24章)

공부자는 당신의 시대에 문란해진 신앙에 대해 남다른 관심을 가졌다. 제후들이 천자가 지내야 할 제사를 함부로 지내고, 대부가 외람되게 제후의 신앙 영역을 침범하거나 서인이 대부가 올리는 제사를 지내는 따위의 당대의 착종된 신앙 생활을 비판한 것이다. 천자만이 올릴 수 있는 천지天地의 신神에게 제후가 제사를 올리는 행위가 곳곳에서 벌어지는 상황을 목도했고, 대부가 제후만이 할 수 있는 산천山川의 신에 대해 함부로 제사하는 것이 예사로 자행되었던 춘추시대春秋時代의 왜곡된 신앙 양태에 대해 비판한 것이다.

공부자의 시대부터 2600여 년이 지난 오늘날 우리나라의 신앙 양태는 실로 심각한 지경에 와 있다. 제사하지 말아야 할 온갖 귀신들에게 다투어 제사를 올리고 있고, 국적이 어디인지 소속이 어디인지도 모를 각양각색의 잡귀들에게 재산을 송두리째 바치는 것도 만족하지 못하고, 부여된 생애를 온통 할애하여 제사하는 기막힌 시대에 살고 있다. 5대양 6대주의 온갖 종류의 잡귀들이 우리나라에 총집결되어 맹위를 떨치고 있다. 역사적으로 존재했던 귀신들은 그렇다 치더라도, 국적불명의 외래 잡귀들을 경쟁적으로 제사하는 것이 오늘의 현실이다. 대한민국의 4사천만 동포들이 믿고 있는 각종의 귀신들이 과연 모두 정당한 귀신이며, 이들 귀신에게 제사 지내는 방식과 태도에 부끄러운 점은 없는지 다함께 냉철하게 반성해야 한다.

소위 20세기의 한국에 있어서 각종의 잡귀를 믿는 신앙들이 종교라는 이름을 걸고, 종교 영역을 벗어나 정치 문화를 비롯한 사회 전 분야에 깊숙이 관여하여, 경우에 따라서는 행악行惡이 무소부지無所不至에 이르고 있다는 판단은 필자만의 견해는 아닐 것이다. 행악을 일삼는 집단들은 특별히 단결력이 강하다. 앞서 말한 편당의식偏黨意識이 유별나게 맹렬한 소인 집단이라는 의미이기도 하다. 서력기원전 6세기에 이같은 여러 정황을 감안했는지는 확인할 수 없지만, 공부자는 정의를 보고도 이를 행동으로 옮기지 못하는 것은 '무용無勇'이라고 힐난했다. 『논어』 「위정」편의 결말이 '정의의 실천'으로 마무리된 것은, 정치의 본질이 말이 아닌 행동이요 실천임을 강조한 것으로 이해된다.

3. 예악론禮樂論의 전개 -「팔일八佾」

　예악사상은 서구문화의 침윤浸潤을 받기 전 수천 년 동안 동양사회를 지배해온 통치 이데올로기였다. 동양에서는 국가를 통치할 때 형벌과 정령政令으로 다스리는 것은 하급으로 보고, 예악禮樂으로 다스리는 것이 최고일 뿐 아니라 반드시 그래야 한다고 확신했다. 예禮는 위계질서와 계급을 강조하고 인정했기 때문에 20세기에 등장한 사회주의 이데올로기에 의해 불구대천의 이념으로 인식되어, 소위 진보적 지식인들에 의해 갖은 수모를 당했다. 예가 이처럼 백안시된 이유는 서양에 존재하지 않았던 이데올로기였을 뿐 아니라 계급을 인정했기 때문이었다. 사회주의는 계급을 없앤다고 무지개 같은 구호를 외쳤고, 수많은 백성들이 이 달콤한 구호에 현혹되어 열렬한 박수를 보냈지만, 이에 몸과 마음을 바쳐 추종했던 백성들의 말로가 어떠했는지는 구태여 말할 필요가 없을 것이다.

　계급이 없는 사회는 환상의 세계에서는 있을 수도 있지만, 현실에서는 존재할 수 없다. 인간은 평등하고, 또 그래야 한다고 주장하는 사람들 거의 전부가, 실제 생활에서는 그들이 가장 계급적이라는 점을 우리는 보아왔다. 왜냐하면 인간의 능력과 주어진 여건이 도저히 평등할 수 없기 때문이다. 아버지와 아들, 어머니와 딸, 형과 아우가 동격일 수는 없고, 대통령과 시민이 함께 생활할 수 없는 것은, 사회 현상이 필연적으로 그렇게 되어 있다는 데서 기인했다. 따라서 계급(계층이라고 얼버무리거나 도회할 필요가 없다)은 인간의 숙명이고 굴레이기도 하지만, 반드시 타기할 악으로 인정하기도 어려운 필요악이기도 하다.

　공부자는 인간의 이 같은 계급적 위상을 일찍이 피할 수 없는 현상으로 간주하고, 이를 보완하기 위하여 악樂을 강조했다. 예가 차별과 차이를 전제로 했기 때문에 이 가운데서 질서가 형성된다. 예에 의한 질서가 자리 잡혔을 경우 이에 대한 역작용으로 백성들에게 위화감이 생기는 것은 피할 수 없다. 그러므로 일체감을 갖게 하는 데 가장 탁월한 효과를 발휘하는 악무樂舞를 예와 함께 병행시켜 만백성의 대동단결과 화합을 획득하고자 했다. 정치가가 정당한 통치 목표를 달성하기 위해 형벌과 정령을 차선으로 하고 예악을 우선으로 해야 한다는 공부자의 정치사상은, 비록 이상에 흘렀다는 비판을 용인한다 해도, 그것이 훌륭한 사유思惟인 점은 부인하기 어렵다.

　子曰,
　"殷因於夏禮, 所損益, 可知也,
　周因於殷禮, 所損益, 可知也,
　其或繼周者, 雖百世, 可知也."

　공부자께서 말씀하셨다.

"은나라는 하나라의 예禮를 근간으로 했으니, 그 더하고 뺀 것을 알 수 있고,
주나라는 은나라의 예를 바탕으로 했으니 역시 그 손익損益한 바를 알 수 있다.
혹시 주나라를 계승한 국가가 있다면 비록 백세 뒤라도 알 수 있을 것이다."(「爲政」 23章)

하夏·은殷·주周의 삼대三代는 따로 존재하는 개체가 아니라 계승적 발전에 의해 얽혀진 것으로 공부자는 파악했다. 은나라는 하나라의 예악禮樂을 계승했고 주나라는 은나라의 예악을 취사선택하여 수용했기 때문에 삼대의 치治가 달성된 것으로 인식했다. 주나라 이후 탄생할 왕조도 역시 주나라의 예악을 근간으로 할 수밖에 없기 때문에, 백세百世 이후의 사회상도 능히 알 수 있다는 주장이다. 엄밀한 의미에서 본다면 혁명은 존재하지 않는다. 혁명이라고 알려진 것도 표피적 변화에 불과하고, 실질에 있어서는 전통의 계승인 것이 대부분이었다.

역성혁명은 지배자와 지배 계층의 교체를 의미하는 것이지, 역대로 전승되어온 문화의 변개가 아님을 표현한 용어이다. 동일한 기후와 동일한 국토에 동일한 민족이 가족을 바탕으로 수만 년을 살아온 국가에서, 근본적인 변화는 있을 수도 없고, 만일 있다면 그것은 국가 정통성正統性의 소멸을 뜻한다. 오천 년 중국 역사에서 용감무쌍하게 시도된 최초이면서 최후라고 생각되는 문화혁명文化革命이라는 해프닝과 그 성패 여부를 보면, 혁명이 진실로 가능한 것인가를 가늠할 수 있을 것이다. 정통 문화의 계승을 보수로 폄하하고, 이에 대한 폐기와 폄하를 진보로 착각하게 만든 것은, 해양제국이 세계를 자기 식으로 획일화하기

위한 제국주의적 음모일 따름이지 그 이상도 그 이하도 아니다.

『논어』의 「팔일」편은, 앞에 인용한 「위정」편의 두 장절과 함께 예악을 말했다. 『논어』의 편장명 대부분이 첫 구절에서 따온 것인 데 반해, 「팔일」편의 경우는 첫 구절인 계씨季氏를 취하지 않았다. 이를 두고 계씨가 당시 사회규범을 무시하고 참월僭越을 일삼는 삼가三家* 중의 하나이기 때문이라고 했다. 그러나 『논어』의 제16편의 명칭이 계씨인 점을 봐서 신빙성이 없는 듯하다. 팔일은 예악의 하나이고, 삼가의 하나인 계손季孫이 대부의 신분으로서 천자만이 할 수 있는 팔일무八佾舞를 뜰에서 추었기 때문에 악무의 하나인 '팔일'로 편명을 삼았다.

孔子謂季氏, "八佾舞於庭, 是可忍也, 孰不可忍也."

공부자가 계씨를 평하셨다.
"팔일무를 뜰에서 춤추게 하니, 이것을 할 수 있다면 무엇인들 못하겠느냐?"(「八佾」1章)

三家者以雍徹, 子曰, "'相維辟公, 天子穆穆', 奚取於三家之堂?"

삼가三家에서 옹雍을 노래하면서 철상撤床을 하니, 공부자께서 말씀하셨다.

* 삼가(三家) : 노魯나라의 대부大夫로 계손씨季孫氏, 숙손씨叔孫氏, 맹손씨孟孫氏를 말하며, 이들은 모두 노나라 환공桓公의 후손이므로 '삼환三桓'이라고도 함. 공자 당시 이들이 노나라의 실권을 장악하고 있었음.

"'제후들이 제사를 도우니 천자는 엄숙하게 계신다'는 가사를 대부에 불과한 삼가의 당에서 어찌 취할 수 있는가?"(「八佾」2章)

子曰, "人而不仁, 如禮何, 人而不仁, 如樂何?"

공부자께서 말씀하셨다.
"사람의 근본이 어질지 못하면 예는 무엇에 쓸 것이며, 사람의 근본이 어질지 못하면 악은 또 무슨 소용이 있겠는가?"(「八佾」3章)

子曰, "周監於二代, 郁郁乎文哉. 吾從周."

공부자께서 말씀하셨다.
"주나라는 하夏·은殷 2대를 본받아 그 문물제도가 찬란하다. 그러므로 나는 주나라를 따르겠다."(「八佾」14章)

팔일무는 천자만이 할 수 있는 악무임에도 불구하고 당시의 독재자인 계씨가 대부의 신분으로서 그의 뜰에서 이를 행했다. 이 같은 참월은 말세에 흔히 나타나는 현상으로, 비정상적인 방법으로 힘을 기른 인물들이 사회규범을 무시한 방약무인의 행태이다. 계씨는 주군을 능멸하고 권력을 사사로이 행사하여 일가와 일당의 부귀영화를 마음껏 누린 인물이다.

대한제국이 멸망한 후 우리나라는 오천 년간 지속된 민족예악民族禮樂*

* 민족예악(民族禮樂) : 범 동양권의 예악을 바탕으로 하여 한민족이 창출한 민족적 예악을 뜻함.

이 와해되었다. 일제가 한반도를 강점하기 위해 저들의 예악은 철저히 준수하면서, 대한제국의 예악은 봉건으로 폄하시켜서 국가의 질서를 파괴하고, 이에 수반된 혼란을 틈타 그들의 야욕을 달성했다. 소위 개화파 지식인들은 일제의 이 같은 의도를 몰랐거나, 아니면 알고도 얼버무렸는지 모를 일이다. 대한제국이 가졌던 전통예악(질서·규범·제도)의 궤멸이 곧바로 망국으로 이어졌다는 역사적 사실을 우리는 거울삼아야 한다.

　난세에 흔히 나타나는 백성의 감성을 악용하여 성장한 지도자 유형 가운데 하나인 노나라의 삼가가, 천자만이 할 수 있는 「옹雍」(『시경』의 편명)장을 노래하며 제사 지낸 사실을 공부자는 준엄하게 나무랐다. 당대에 부정한 방법으로 획득한 실력을 함부로 방자하게 행사했던 삼가가 수천 년이 지난 오늘날에도 비난의 대상이 되고 있다는 사실을 명심해야 할 것이다. 동서고금의 모든 지도자들은 우선 무엇보다 오늘이 있게 한 역사를 알아야 함에도 불구하고, 이를 무시하거나 과소평가하고 있으니 안타까운 일이다.

　우리나라는 오천 년 동안, 지금부터 약 1세기 전 서양문물이 들어오기 전까지 민족예악으로 국가를 통치했다. 우리의 문화, 종교, 정치제도 등 동방의 문물제도가 바로 민족예악이다. 일제는 오천 년 동안 지속된 민족예악을 파괴하고 저들의 예악인 일본예악을 이 땅에 부식하여 삼십여 년을 다스렸다. 그러므로 민족예악의 회복과 재창출은 시급한 과제이고, 민족예약의 재정립이라는 과제가 달성되어야만 명실상부한 자주 국가가 된다. 따라서 우리 사회에 침윤된 일본예악과 서양예악을 손익의 채로 걸러서, 마치 주나라가 하나라와 은나라의 예악을 손익했듯이, 우리도 미래 지향의 민족예악을 수립할 시점에 처해 있다.

인간성이 제대로 되어 있지 않으면 아무리 훌륭한 예악이라도 쓸모없는 것이라고 말한 공부자의 주장은 수천 년이 지난 오늘날에도 유효하다. 19세기 초엽에 등장한 당시의 신지식인인 소위 개화파가 민족예악을 부정한 불인不仁*적 인물들이었기 때문에 일본예악과 서양예악의 폭풍우 속에서 나라를 상실한 것이다. 민족예악이 소멸되면 국가의 정통성은 물론이고, 지엽 말단에 이르기까지 갖가지 부정적 작폐가 계기하기 마련이다. 그 중 한 가지 예로서 산야에 편재한 비갈碑碣의 경우를 들 수가 있다.

대한제국 말엽까지만 해도 묘역에 비석을 세울 때 일정한 규칙이 있었고, 따라서 지방 관아의 장에게 허가를 받아야 가능한 것으로 알려져 있다. 예를 들면 정3품 이상의 벼슬이나 증직贈職을 받은 사람에 한해서 입석立石이 가능했다. 대한제국이 멸망하고 일제 강점 시기가 끝난 후, 현재의 묘역 문화는 참담하기 짝이 없다. 일정한 규칙은 물론이고 전후좌우를 돌보지 않고 돈만 있으면 범법자임에도 불구하고 황제와 제후와 대부에 준하는 비석이 방방곡곡에 즐비하다. 현재는 물론이고 먼먼 미래에까지 지탄받아야 마땅할 불인의 극치인 사람들의 묘역에도 비석이 난잡하게 우후죽순처럼 서 있는 실정이다.

공부자는 주나라가 하・은 2대의 문물을 본받았기 때문에 문물제도가 찬란하게 빛났다고 진단했다. 우리는 오천 년 역사의 정통성을 계

* 불인(不仁) : 따뜻한 인간성과 올바른 이치를 지니지 못했음.

승했던 대한제국의 예악을 추호의 미련도 없이 폐기하고, 일본예악과 서양예악을 열광적으로 수용하여 이를 거국적으로 시행한 결과에 대해서도 엄정하게 반성할 시점에 와 있다. 진시황이 중국사에 있어서 위대한 정치적 업적을 성취했음에도 불구하고 후대 사가들에 의해 응분의 대접을 받지 못하고 있는 것은, 중국의 정통예악을 부정했기 때문이 아닌가 한다. 이 같은 사실들을 거울삼아 1세기 전까지 면면히 이어왔던 정통예악에 대한 재평가와 이를 바탕으로 한 새롭고 참신한 민족예악의 재창출이 무엇보다 요망되는 상황에 우리는 놓여 있다.

4. 인인仁人의 역할 － 「이인里仁」

『논어』의 제4편인 「이인里仁」은 모두 26장으로 짜여져 있다. 인仁은 공부자의 중심 사상으로 알려져 있고, 흔히 휴머니즘 정도로 해석하고 있다. 휴머니즘을 신본주의神本主義의 대립 개념으로 파악하거나 또는 따뜻한 인간적인 모습을 지닌 성정性情으로 인식하기도 하지만, 이 두 가지 의미를 합쳐도 공부자가 규정했던 '인인仁人'의 개념과는 거리가 있다. 인인이 인간적인 면모가 있어야 할 것은 당연하지만, 인간적인 면모는 인간의 기본 도리인 만큼 인인의 중심 개념이 될 수는 없다.

　　子曰, "里仁爲美, 擇不處仁, 焉得知?"

　　공부자께서 말씀하셨다.
　　"인仁을 실천하는 것은 아름다운 일이니, 인仁을 선택하여 인의 경지에 처하지 않는다면 어찌 지성인知性人이라고 하겠느냐?" (「里仁」 1장)

　　子曰, "惟仁者, 能好人, 能惡人."

공부자께서 말씀하셨다.
"오직 인인仁人라야만 능히 사람을 좋아할 수 있고 능히 미워할 수 있다."(「里仁」 3章)

子曰, "… 君子去仁, 惡乎成名."

공부자께서 말씀하셨다.
"… 군자君子가 인仁을 갖지 못했다면 어찌 군자라 하겠느냐."(「里仁」 5章)

子曰, "朝聞道, 夕死可矣."

공부자께서 말씀하셨다.
"아침에 도道를 깨우치면 저녁에 죽어도 좋다."(「里仁」 8章)

'이인里仁'의 '이里'를 주자는 미풍양속이 있는 마을로 이해했지만, 필자는 더욱 적극적으로 이를 해석하여 인을 실천한다는 강력한 의지를 피력한 것으로 보고자 한다. 계속되는 문장 역시 인을 중요한 덕목으로 인식하고 이를 실천하지 않은 사람은 지성인이 될 수 없다고 제자들에게 경고한 것으로 여겨진다. 지성인이 생각과 말에 안주해서는 안 되고, 모름지기 행동으로 결실하는 것을 본분으로 삼아야 함은 예나 지금이나 변함없는 통념이다. 사람을 미워하고 좋아함에 있어서도 인인이라야만 정당하게 미워하고 좋아할 자격과 권리가 있다고 공부자는 단언했다. 즉 지성인은 미워할 사람은 당연히 미워해야 하고, 좋아해야 할 사람은 마땅히 좋아할 줄 알아야 한다고 갈파한 것으로, 일언이폐지一言以蔽之하면 '선선오악善善惡惡' 해야 함을 강조한 것이다. 공부자는 사유思惟나 행실이 좋지 않은 사람을 미워하는 것이 선이지, 어설픈 휴머니즘을 운위하면서 적절히 봐주는 것은 악으로 인식했다.

우리는 지금 엄연히 미워해야 할 사람임에도 불구하고 지연과 학연 또는 당맥이 같다고 해서, 손바닥으로 하늘을 가리며 칭찬을 일삼기가 무소부지의 극에 이르고 있다. 뿐만 아니라 언행이 올바르고 모든 면에서 공명정대한 인물임을 내심으로 인정하면서도, 학연·지연·당맥 등이 다르기 때문에 헐뜯는 예가 부지기수라는 사실 역시 잘 알고 있다. 동양에서는 선과 악의 극단적 두 인물 유형으로서 공부자와 도척盜蹠*을 꼽고 있다. 지역과 학연 등이 동일하면 공부자와 같은 성인도 도척으로 전락시키고, 도척과 같은 악인일지라도 공부자로 승격시키는 해괴망측한 시대에 우리는 지금 살고 있다. 이 같은 가치관의 사리사욕적 도치는, 사람을 미워하고 좋아하는 공변된 척도가 괴멸되었기 때문이다. 인인은 필히 사람을 가려서 '호인好人·오인惡人'을 해야 한다는 공부자의 결연한 훈시가 새삼 절실하게 느껴지는 대목이다.

아침에 도를 듣거나 깨우치면 저녁에 죽어도 좋다는 공부자의 말은, '군자가 인을 생각하지 않거나 실천하지 않으면 어찌 군자라는 이름을 붙일 수 있겠는가' 하고 탄식한 것과 관계 있다. 그러므로 군자의 개념도 지금까지 인식했던 것과는 달리, 악에 대한 단호한 비판은 물론이고 진리를 위해서 목숨까지 바칠 수 있는 과단성을 중요한 덕목으로 삼아야 하지 않을까 한다.

* 도척(盜蹠) : 춘추시대 말기의 이름난 도적으로, 부하 9천 명을 거느리고 천하를 횡행하면서 도적질을 하였다고 전해짐.

조선조의 사인士人들이 조국을 위하여 목숨을 바치고, 학설을 지키고 선양하기 위해 수백 년 동안 논쟁을 해왔던 이유도 이 같은 인인과 군자의 정신에 기인했기 때문에 가능했다고 생각된다. 진리는 말할 것도 없고 자기가 옳다고 생각하는 소신일지라도 이를 실천하기 위해 초지일관했던 조선조의 인인, 즉 군자들의 처세를 본받을 필요가 더더욱 절실하다.

子曰, "參乎! 吾道一以貫之."
曾子曰, "唯."
子出, 門人問曰, "何爲也?"
曾子曰, "夫子之道, 忠恕而已矣."

    공부자가 이르기를, "삼參아, 우리의 도는 한 가지 이치로써 모두를 꿰뚫고 있다" 하였다.
    증자는 "그렇습니다" 하고 대답했다.
    공부자가 나가자, 문인들이 무슨 말씀이냐고 물었다.
    증자는, "부자의 도는 충忠과 서恕로써 일관했을 뿐이다" 하고 설명했다.
(「里仁」 15章)

子曰, "君子喩於義, 小人喩於利."

    공부자께서 말씀하셨다.
    "군자는 정의正義에 밝고 소인은 이익利益에 민감하다." (「里仁」 16章)

子曰, "君子欲訥於言而敏於行."

공부자께서 말씀하셨다.
"군자는 말을 삼가고 실천에는 민첩해야 한다." (「里仁」24章)

子曰, "德不孤, 必有隣."

공부자께서 말씀하셨다.
"덕은 외롭지 않아서 반드시 동조자가 있게 마련이다" (「里仁」25章)

공부자는 증자曾子*에게, 당신의 도는 인을 근저로 하고 인으로서 일관된 것이라고 했다. 공부자가 자리를 뜨자 문인들이 무슨 뜻이냐고 물었을 때, 증자는 충忠과 서恕를 의미하는 것이라고 했다. 충은 천도天道이고 서는 인도人道이며, 충은 체體이고 서는 용用이라고 정자程子는 풀이했다. 충·서 중에서 충을 근본으로 삼고 서를 일종의 활용으로 이해한 것이다.

인에 대한 공부자의 정의는 다양하다. 자장子張*에게는 '공손·관대·신의·민첩·은혜'라고 했으며, 안회顔回*에게는 '이기적인 내아內我(자아自我)를 억제하고 예禮로 돌아가는 것'(극기복례克己復禮)이라고 응대했

* 증자(曾子) : B.C. 505~B.C. 436 공자의 제자. 이름은 삼參, 자는 자여子輿. 아버지 증점曾點 역시 공자의 제자. 효심이 두터웠음. 유가에서는 공자의 도道를 증삼이 계승하였다고 인정하며, 그의 가르침은 자사子思를 거쳐 맹자孟子에게 전해졌다 함.

* 자장(子張) : B.C. 503~? 공자의 제자. 이름은 전손사顓孫師, 자장은 그의 자.

* 안회(顔回) : B.C. 521~B.C. 481 자는 자연子淵. 공자가 가장 아꼈던 제자. 그가 죽자 공자는 "하늘이 나를 망치는구나. 하늘이 나를 망치는구나" 하며 탄식했다 함.

고, 번지樊遲에게는 '인간을 널리 사랑하는 것'이라고 정의했다. 공부자의 이 같은 말을 종합해볼 때, 앞서 지적한 것처럼 '인'이 정감적인 휴머니티에 국한될 수 없음을 확인하게 된다. 따뜻한 인간애를 배제한 것은 아니겠지만, 국가와 민족에 충성하고 사회악에 대한 준엄한 비판정신과 규범과 질서를 준수하며 대인관계에서도 공손하고 관대하며 신의를 지키고 주어진 일에 대해 민첩하게 처리하고 남에게 은혜를 베풀 줄 아는 그러한 인간을 일러 '인인仁人'으로 공부자는 정의했다.

필자가 여기서 특히 강조하고 싶은 것은, 미워할 사람은 확실하게 미워하여 비리와 악을 고치게 하고, 좋아할 사람을 분명하게 좋아해서 그 장처를 기리고 격려할 필요가 있다는 사실이다. 시비선악是非善惡을 명확하게 가리지 않고, 미워해야 할 사람을 좋아하고 좋아해야 할 사람을 미워하는 따위의 행동은 인인이 취할 태도는 아니다. 시비선악이 애증호오愛憎好惡에 의해 유린되면 사회는 혼란의 와중으로 떨어지고 만다. 불행하게도 우리가 사는 현실은, 바로 '사랑하고 미워하며 좋아하고 싫어하는' 등의 감성적 척도에 의해 '옳고 그르고 선하고 악한' 것들이 도외시되는 혼탁한 사회로 전락되고 말았다. 그러므로 '인인'과 '군자'가 나라의 주인이 되어야 한다는 공부자의 교시敎示는 더더욱 빛을 발하는 명언으로 부각되는 것이다.

공부자는 '군자는 정의에 소상하고 소인은 이익 되는 것에 민감하다'고 탄식한 바 있는데, 지금 이 시대야말로 너나 할 것 없이 모두가 '소인'이 되어 물질적 이익을 추구하느라 여념이 없다. 그렇다면 이 같은 시대에 소인을 견제하는 군자는 과연 이 땅에 되살아날 수 없는 것인지 안타깝기 짝이 없다. 동방의 역사는 명예·권력·재력 등 몇 개의 단위로 유분되어 삶의 가치가 평가되어 왔다. 그런데 요즘에 와서는 '명예와 권력' 등은 급격히 빛을 잃었거나 아니면 잃어가기 시작했고, 오로지 남은 것은 물질의 풍요를 만끽할 수 있는 '재력'만이 욱일승천旭日昇天의 기세로 부상하고 있다. 명예와 권력을 추구하는 사람이 있다 해도, 대부분 재력을 획득하기 위한 수단으로 그것들을 활용하는 경향이 농후한 실정이다. '부의 축적'과 '애증오호'만이 판치는 이 같은 탁류가 언제까지 얼마만큼 확산될지 두렵기만 하다.

공부자는 군자와 인인의 도리로써, 말은 삼가고 행동은 민첩하게 하는 것이라고 했다. 말만 있고, 그것도 거짓말만 일삼는 무리들이 파리 떼처럼 득실거리는 시공에 우리는 생존하고 있다. 공부자는 당신의 먼 먼 후대에 이 같은 소인배들이 횡행할 것을 예측이나 한 듯이 「학이」편에서도 '일에는 민첩하고 말은 삼가야 한다(敏於事而愼於言, 14章)'고 강조한 적이 있다. 서양에서 발견되어 제도로서 굳어진 소위 '매스컴'이라는 것이 이 같은 경향을 부추긴 감이 없잖아 있다. 우리 동방에서는 일찍부터 서구의 매스컴에 준하는 '언로言路'라는 공변된 제도가 있었고, 여기에서는 적어도 거짓말이나 과장은 용납될 수 없었다. 따라서 '매스컴'을 억제하고 우리식 '언로言路'를 부각시킬 필요성이 절실하게 요망된다.

공부자는 인인의 길이 얼마나 어려운 것인지를 일찍부터 알고 있었음을 「이인」의 결론에 해당되는 25장을 통하여 가늠할 수 있다. "덕은 결코 외롭지 않고 반드시 동조자가 있게 마련이다" 하고 강조한 말이 그것이다. 그러나 과연 '덕은 외롭지 않은 것인가' 하는 명제에 대해서 선뜻 '그렇다'고 대답하지 못하는 것이 오늘의 현실이기도 하다. 그러므로 이 말이 덕은 외로워서 안 되고 꼭 동조자가 있을 것이라는 간절한 희망의 토로로 여겨지는 것은 필자만의 느낌은 아닐 것이다.

　강물은 흘러가면서 스스로 자정自淨을 하듯이, 인류의 역사도 역동적으로 진행되면서 덕이 소생되고 동조자가 늘어날 것이 분명한 만큼, 2600여 년 전에 언급한 공부자의 이 같은 깊은 뜻은, 인인들에 의해 반드시 실현될 것이고 또한 실현되어야 할 것이다.

5. 제자들에 대한 품평 - 「공야장公冶長」

『논어』 제5편 「공야장公冶長」은 공부자 시대를 기준으로 한 고금의 인물들에 대한 현명함과 우둔함 그리고 선악득실善惡得失을 논했다. 「공야장」편 바로 앞이 '인인仁人과 군자君子'에 대해서 언급한 「이인」편인 점은, 『논어』의 전편이 수미상응의 긴밀한 체제로 짜여져 있음을 의미한다. 공부자가 정의한 인인과 군자의 개념은 잘잘못을 따져서 엄정한 심판과 질책을 가하는 인물임을 말한 것이라고 필자는 지적한 바 있다. 이 같은 인인에 관한 개념 설정이 타당하다는 증거를, 「공야장」편에 나타난 공부자의 가차없는 인물평을 통하여 새삼 확인하게 된다.

곁에 두고 있는 제자라고 해서 포용력이나 인자함을 빙자해서, 적당히 봐주고 입에 발린 칭찬만을 일삼지 않고 매서울 정도로 단점을 지적하여 질책하는 위대한 스승인 공부자의 결연한 풍모에 대해 머리가 숙여지지 않을 수 없다. 남의 단점을 말하지 않는 것이 곧 덕德이라는 잘못된 통념 때문에, 얼마나 많은 인물들의 단점이 교정되지 않고 역으로 조장되고 있는지를 돌아볼 때가 되었다.

「공야장」편에는 공야장公冶長, 남용南容, 자천子賤, 자공子貢, 중궁仲弓,

칠조개漆雕開, 자로子路, 맹무백孟武伯, 염구冉求, 공서적公西赤, 안회顏回, 재여宰予, 신정申棖, 공문자孔文子, 자산子産, 안평중晏平仲, 장문중臧文仲, 자문子文, 최자崔子, 진문자陳文子, 계문자季文子, 영무자甯武子, 백이伯夷, 숙재叔齋, 미생고微生高, 좌구명左丘明 등 약 26명의 인물들이 등장한다. 이 중에는 공부자 이전의 인물도 있고, 동시대의 문인들도 다수가 포함되어 있다.

공부자는 이들 인물들을 평함에 있어서 장점보다 단점에 주로 관심을 가지고, 이를 비판하여 단처를 거울삼아 제자들로 하여금 올바른 방향으로 나아가게 하는 데 목적을 두었다. 제5편에 이어지는 제6편 「옹야雍也」도 인물평이 주류를 이루고 있지만, 여기서는 인물이 지닌 단점보다 장점을 부각시켜, 이를 본받아서 인인이 될 것을 기대하는 의도가 강하게 작용하고 있다. 「공야장」편이나 「옹야」편들이 공히 인인과 군자를 만들기 위한 엄정한 교육적 지표를 근저로 하고 있다.

子謂公冶長, "可妻也. 雖在縲絏之中, 非其罪也." 以其子妻之.

공부자는 공야장을 평하여, "사위로 삼을 만하다. 비록 영어囹圄의 몸이긴 하지만, 죄가 있어서 그렇게 된 것은 아니다" 하시면서, 자기의 딸을 그에게 시집보내셨다. (「公冶長」 1장)

子謂南容, "邦有道不廢, 邦無道, 免於刑戮." 以其兄之子妻之.

공부자는 남용을 평하여, "나라에 도가 있을 때는 버림받지 않고, 나라에 도가 시행되지 않을지라도 형벌을 면할 수 있는 인물이다" 하시면서,

형의 딸을 그에게 시집보내셨다.「公冶長」1章)

공부자의 사위인 공야장*과 조카사위인 남용*은 모두 출중한 사람이 아니고 평범한 인물들이다. 당시의 공부자 위상이 오늘만큼은 아니었을 것이지만, 그래도 권력과 재산이 있는 인물을 사위로 삼을 수는 있었을 것이다. 그런데도 불구하고 감옥에 갇힌 사람에게 딸을 출가시킨 것은 가히 파격적이라 하겠다. 조카사위로 선택한 남용의 경우에서도 역시 한 가정을 적절히 꾸려나갈 자질만 갖추면 훌륭한 사윗감이 될 수 있다는, 공부자의 평범한 결혼관을 엿볼 수 있는 부분이다. 돈 많고 권세 있고 명예가 있는 인물들을 골라 딸을 시집보내려고 혈안이 되어있는 지금의 결혼관을 감안할 때,「공야장」편 제1장에 나타난 공부자의 사윗감 선택은 우리 속인들로 하여금 특별한 느낌을 주고 있다.

宰予晝寢, 子曰, "朽木, 不可雕也, 糞土之牆, 不可杇也. 於予與何誅?"
子曰, "始吾於人也, 聽其言而信其行, 今吾於人也, 聽其言而觀其行. 於予與改是."

낮잠을 자는 재여宰予를 본 공부자께서는 이렇게 말씀하셨다.
"썩은 나무는 조각할 수 없고 부패한 흙으로 쌓은 담장은 흙손질을 못한다. 그러니 만큼 내가 재여를 꾸짖어서 무엇하겠느냐?"

* 공야장(公冶長) : 공자의 제자이자 사위. 자는 자장子長.
* 남용(南容) : 공자의 제자이자 형님의 사위.『사기』에는 이름이 남궁괄南宮括로 나옴. 자는 자용子容.

공부자께서는 또 말씀하셨다.

"내가 처음에는 사람을 대할 때 그의 말을 듣고 행동도 그렇게 할 것으로 믿었지만, 이제는 사람을 대할 때 그의 말을 들은 후 그가 하는 행실을 관찰하게 되었다. 나는 재여로 인하여 말만 듣고 사람을 쉽게 믿는 잘못을 고치게 되었다."(「公冶長」 9章)

공부자는 훈도할 가치가 있는 사람과 훈도해도 소용이 없는 사람을 분별하여 후자의 경우는 아예 상대도 하지 않았다. 재여宰予*의 경우를 훈육할 가치가 없는 사람으로 단정하고 꾸짖어 무얼 하겠느냐고 단호한 입장을 취했다. 재여가 낮잠 한번 잔 것을 가지고 공부자가 이처럼 격렬하게 배척했다고 여길 수는 없다. 재여의 낮잠은 빙산의 일각일 것이고 그 이면에 감추어진 많은 부정적인 면을 행간에서 읽을 수 있다. 아마도 재여는 말과 행동이 전혀 합치되지 않는 교언영색巧言令色의 표본이 되는 이중적 위인으로 공부자는 파악했던 듯하다. 그리하여 한 인간에게 평할 수 있는 최악의 비유인 '썩은 나무와 부패한 흙'에다 빗대어 재여를 꾸짖고 있는 것이다.

공부자는 말보다 행동이 앞서야 한다고 누누이 주장할 정도로 실천궁행實踐躬行을 강조했다. 군자는 청산유수靑山流水와 같은 언변은 없어도 좋지만, 신속한 행동과 실천력이 있어야 한다고 갈파한 「이인里仁」편의 장절章節이 이를 뒷받침한다. 실천궁행하지 못하고 능란한 언설만 일삼

* 재여(宰子) : B.C. 522~B.C. 458 공자의 제자. 자는 자아子我. 언변에 능하였음. 공자의 인정을 받지 못한 제자였음. 제나라에서 벼슬살이를 하다가 전상田常과 반란을 일으켰으나 실패하여 멸족의 화를 당함.

는 재여를 보고 교육할 가치가 없다고 단언한 공부자의 추상같은 호령은, 제자들의 단점을 말하지 않는 것이 스승의 덕으로 추숭되는 요즘의 잘못된 사제 관계에 경종일 수 있다.

나태하고 말만 앞세워 실천력이 없는 재여를 보고, 교언영색하는 인물들을 쉽게 믿는 습관이 있는 자신의 약점을 교정하게 되었다는 사실을 솔직하게 시인한 공부자의 인간적인 모습을 다시 한번 접하게 된다.

子貢曰, "我不欲人之加諸我也, 吾亦欲無加諸人."
子曰, "賜也! 非爾所及也."

자공이 말하였다.
"저는 남이 저에게 무리한 일을 해오는 것을 원치 않고, 저 역시 남에게 경우에 벗어난 일을 행하지 않습니다."
공부자께서 말씀하셨다.
"사(賜)야! 이는 네가 감히 할 수 있는 일이 아니다."(「公冶長」 11章)

위에 인용한 자공의 말은 공부자의 서(恕)를 풀이한 것으로 알려져 있다. 공부자는 자공을 칭하여 괜찮은 그릇(器)이라고 평한 바 있다. 자공이 어떤 종류의 그릇에 해당되느냐고 묻자 옥으로 만든 그릇(瑚璉)에 해당한다고 했다.(「공야장」 3장) 자공은 자신을 남이 어떻게 보느냐에 대해서 남다른 관심이 있었던 것 같다. 자공의 이 같은 성향을 파악한 공부자는 너는 안회와 비교해서 누가 더 훌륭한 인물로 보느냐고 묻기도 했다. 이에 대해 자공은, '안회는 하나를 들으면 열을 알지만 자신은 겨우 둘밖에 터득하지 못한다'(「공야장」 8장)고 짐짓 겸손한 대답을 했지만,

본심은 말과 같지 않았던 것이 아닌가 의심된다. 이를 간파한 공부자는 너 자공은 물론이고 공부자 당신도 안연보다 못하다고 역습했다.

자공은 현실주의자로서 이재理財에도 밝아 재물도 상당히 축적했고, 구변口辯도 좋아서 당시 널리 알려진 인물이었다. 공부자는 자공의 이 같은 면모에 대해서 심허心許하지 않았다. 자공과 정반대의 성향을 지녔던 안회를 공부자는 특히 사랑하여 다방면에 걸쳐서 당신의 후계자로 생각하고 있었다. 자공이 부를 추구했다면 안회는 이와 달리 부에 집착하지 않고 학문에 열중하는 소위 안빈낙도安貧樂道의 인물이었다. 이처럼 극히 대조되는 두 인물을 놓고 공부자는 안회의 편에 서서 현실적인 자공을 간접적으로 비판했다.

자공은 스스로 공부자의 서恕를 실천하고 있다고 자부하고 있었다. 자공의 이 같은 지나친 자부심을 교만이라고 느끼고 있던 공부자는, '자공 네가 감히 미칠 수 있는 경계가 아니다' 하고 따끔하게 질책한 것이다.

子曰,
"巧言令色, 足恭, 左丘明恥之, 丘亦恥之.
匿怨而友其人, 左丘明恥之, 丘亦恥之."

공부자께서 말씀하셨다.
"공교한 언변과 미묘한 겉치레, 그리고 지나친 공손함을 일삼는 것을 옛적에 좌구명은 창피하게 여겼는데, 나 역시 이를 수치로 생각한다.
증오심을 내면에 감추고 겉으로 그 사람과 가까이 지내는 것을 좌구명은 부끄럽게 여겼는데, 나 또한 이 같은 점을 부끄럽게 여긴다."「公冶長」24章)

교언영색에 관해서 공부자는 여러 차례 그 사특함을 논했다. 주공足恭(=過恭)은 과도한 겸양을 뜻하는 것으로, 지나친 공손 역시 예禮가 아니라고 파악하고 있었다. 이 같은 외양 꾸미기를 부끄럽게 여기는 것은 과거의 현인 좌구명과 마찬가지로 공부자 당신도 동일하다고 강조했다. 뿐만 아니라 가슴속에 음해하고자 하는 기심機心의 비수를 품고서도 겉으로는 친애하는 척하며 친구로 사귀고 있는 따위는 더한층 가증스러운 행태라고 공부자는 단언했다.

복검구밀腹劍口蜜이라는 말이 있다. 가슴속에 칼을 몰래 품은 채 해치려고 하면서 입으로는 꿀 같은 달콤한 말을 하고 있다는 뜻이다. 어쩌면 우리가 살고 있는 오늘은 거의 모두가 복검구밀을 하고 있는지도 모르겠다. 성실과 진심 등의 말들은 사전에만 있는 고어로 굳어지고 만 것이 아닌가 하는 의심도 든다. 공부자는 인물을 평함에 있어서 교언영색이나 과공過恭 여부에 비중을 두었다. 교묘한 언사와 세련된 태도와 굽실거리며 교태를 떠는 인물들을 조심하라는 공부자의 경고이다.

문제의 심각성은 흉중에 비수를 품었거나 거짓과 위선으로 충만한 사람이, 교언·영색·주공 등의 겉치레조차 하지 않고 흉포한 내면을 여과 없이 그대로 노출시키는 난폭한 인물들이 등장했다는 사실이다. 이를테면 내면에 국한되지 않고 겉과 속이 모두 흉악과 패륜으로 충만한 악인들의 발호가 극에 이르렀다는 것이다. 역설적으로 교언영색이라도 했으면 하는 느낌이 들 정도로 우리 사회는 악화되고 말았다.

子曰, "十室之邑, 必有忠信如丘者焉, 不如丘之好學也."

공부자께서 말씀하셨다.

"10호戶 정도의 조그만 마을에도 반드시 나처럼 충성심과 신의가 있는 사람은 있겠지만, 나처럼 배우기를 좋아하는 사람은 없을 것이다."(「公冶長」 27章)

공부자는 인간사회를 매우 따뜻한 눈으로 바라보고 있다. 아주 작은 마을에도 '충신忠信'하는 사람은 있다고 보았지만 당신처럼 배우기를 좋아하고 학문을 숭상하는 사람은 많지 않다고 했다. 인물평을 주제로 삼은 「공야장」편의 결론이 '충신忠信과 호학好學'으로 마무리되었다는 것은, 훌륭한 인물이 되자면 충신은 물론이고 학문까지 겸비해야 한다는 공부자의 의도가 강하게 나타나 있다. 학문을 인격도야의 필수적인 요소로 삼았다는 증거이다.

한편 「공야장」편의 첫 부분이 공부자의 사위 이름으로 시작되었다는 사실도 중요한 의미를 갖는다. 사람에겐 귀중하게 생각하는 것이 여러 가지이겠지만, 최고의 보배로 인정하는 것은 누구를 막론하고 자녀가 아닐까 한다. 그런 의미에서 당시에 재력이나 권력 또는 명예도 거의 없었던 무명인사에 불과할 뿐 아니라 게다가 감옥에 있는 공야장에게 애지중지하던 딸을 주었다는 사실에서, 우리는 너무나 인간적인 공부자의 모습을 다시 또 접하게 된다.

6. 제자를 위한 구직 운동 - 「옹야雍也」

『논어』의 제6편 「옹야雍也」는 제5편의 「공야장」과 함께 인물론이 중심이 된 편장이다. 「공야장」편이 인물의 단점을 주로 들어서 혹독하게 비판했는 데 반해, 「옹야」편은 한 인물이 지닌 장점을 부각시켜 더욱 훌륭한 인재가 되도록 격려하는 데 주안점을 두었다. 「옹야」편은 전부 28장으로 짜여져 있다. 절반에 해당되는 14장이 인물론을 위주로 했는 데 반해, 15장부터는 내용상으로 전반부와 약간의 차이가 나기는 하지만, 대체로 고금 인물들의 현부賢否와 득실得失을 논한 사실에는 변함이 없다.

『논어』의 각 편장이 전후에 이어지는 편장들과 내용적으로 단절된 것이 아니라 연면하게 이어진 것은 이미 알려져 있다. 앞에서 논한 「위정」편의 말미가 예악禮樂을 논한 「팔일」편의 단초가 되었던 것도 하나의 예이다. 그러므로 「옹야」편의 후반부가 인물론을 전개하면서도 내용상 약간의 차이가 나는 것은, 계속되는 「술이術而」편을 전개하기 위한 포석으로 여겨진다.

우주의 중심이 사람이라는 인식은 동서고금을 막론하고 동일한 것처럼 보이지만, 동서양의 인간인식人間認識은 근본적으로 다르다. 동양은 서양과 달리 인간을 대자연에 존재하는 삼라만상과 마찬가지로 각각의 물성物性을 향유한 존재의 하나로 인식했고, 서양은 지구상에 존재하는 모든 외물外物을 인간의 종속물로 보았다. 서양의 이 같은 인간인식은 구약·신약 등 기독교 경전과 관계가 있는 듯하고, 동양의 그것은 유가 경전과 불경 그리고 노장지서老莊之書와 관련이 있을 법하다. 동서양의 이와 같이 상이한 인간인식이 인류 역사에 어떻게 작용해왔고 이것이 또 어떤 결과를 초래할지는 미지수이지만, 현재 우리는 대체로 서양의 인간인식이 양호한 것으로 간주하고 이를 본받으려 애쓰고 있다. 그러나 서양의 탐욕적인 인간인식이 인류의 퇴락을 초래하는 동인이 될 수도 있다는 의구심을 떨쳐버리기 어렵다.

  공부자가 인仁을 핵심으로 한 군자론을 중심으로 인물론을 줄기차게 전개하는 이유도, 미래에 닥쳐올 인류의 불행을 예견하고 이를 방지하기 위한 조처라고 필자는 생각한다. 왜냐하면 '인'의 정신은 인간에게만 적용되는 것이 아니라 삼라만상 모두에게도 해당되기 때문이다. 따라서 인을 근저로 한 인물론을 전개한 「옹야」편의 모두冒頭가 백성을 다스리는 지도자의 자질을 논한 것도 이 같은 의도가 깔린 것으로 이해된다.

  子曰, "雍也, 可使南面."
  仲弓問子桑伯子, 子曰, "可也, 簡."
  仲弓曰, "居敬而行簡, 以臨其民, 不亦可乎? 居簡而行簡, 無乃太簡乎?"

子曰, "雍之言, 然."

　　공부자께서 말씀하셨다. "옹雍*은 남면南面하는 제후가 될 수 있다."
　　중궁이 "자상백자는 어떻습니까?" 하고 묻자, "가능하다, 그는 소탈하고 대범하니까" 하셨다.
　　중궁이, "몸가짐이 공경스럽고 인자한 태도로 백성에게 임하면 이 또한 가능하지 않겠습니까? 그리고 대범하게 처신하고 소탈하게 행동한다면 지나치게 간략한 것은 아닙니까?" 하고 물었다.
　　그러자 공부자는, "옹의 말이 옳다" 하셨다. (「雍也」1章)

　제자를 군왕으로 추대하고 싶은 공부자의 뜻은 높고도 크다. 군왕의 자질이 있다고 인정한 중궁은 구변은 없었지만 인덕人德이 높은 인물로 알려져 있다. 군왕의 자질로써 '인'을 중시한 공부자의 뜻을 다시 한번 음미하게 한다. 중궁이 군왕감으로서 은자로 알려진 '자상백자子桑伯子'를 거론했고, 공부자가 '그 사람도 군왕이 될 수 있다'고 한 것은 권력욕으로 충만한 세속의 야심가들을 경계하는 뜻이 있다.

　중궁이 지도자의 자질로 제기한 경敬과 간簡 중에서 특히 '간'이 주목된다. '간'은 정치가나 정치 현실이 흔히 빠질 수 있는 번문욕례繁文縟禮*를 경계한 것으로, 지도자는 대범하고 관대할 필요가 있음을 강조한 것이다. 지도자가 세세한 말절에 급급하면 사회가 본말이 전도되어 파행할 우려가 있기 때문이다. 권력에만 집착하는 무리들은 대체로 애국심이 없게 마련이다. 애국심이 없는 자가 권력을 잡으면, 잡은 권력

　* 염옹(冉雍) : B.C. 522~? 공자의 제자. 자는 중궁仲弓. 공자는 그에게 덕행이 있다고 여겼으며, 임금의 자리에 있을 만한 인물이라 평하였음.
　* 번문욕례(繁文縟禮) : 번거롭고 복잡한 규칙이나 허례.

을 즐기고 이를 계속 유지하기 위해 온갖 간사한 장치를 마련하여 나라와 백성을 우롱하기 일쑤이다. 중궁이 당시 은둔자였던 '자상백자'를 거론한 이유와 공부자가 그를 제후감이 된다고 인정한 것은, 애국심 없는 정치가들이 즐겨 행사하는 권력게임을 간파한 소치인 듯도 하다.

季康子問, "仲由, 可使從政也與?"
子曰, "由也果, 於從政乎何有?"
曰, "賜也, 可使從政也與?"
曰, "賜也達, 於從政乎何有?"
曰, "求也, 可使從政也與?"
曰, "求也藝, 於從政乎何有?"

계강자가 물었다.
"중유(자로子路)는 정치할 능력이 있습니까?"
공부자가 대답하셨다.
"유는 과단성이 있기 때문에 정치를 해도 아무 탈이 없습니다."
"사(자공子貢)를 정치에 종사하게 할 수 있습니까?"
"사는 사리에 통달했으니 정치를 맡겨도 아무 하자가 없을 것입니다."
"구(염구冉求)를 정치에 종사시킬 수 있습니까?"
"구는 다재다능한 인물이기 때문에 정치에 종사시켜도 아무 문제가 없습니다." (「雍也」 6章)

계강자는 당시의 실권자로서 인재를 등용할 능력이 있는 사람이다. 계강자가 공부자의 문도들의 자질을 물어오자 기회는 이때다 하며, 공부자는 당신 제자들의 장점을 낱낱이 열거하여 적극적으로 추천하고 있다. 예나 지금이나 지식인들의 속성은 정치지향적인 면이 강하다. 지금과 달리 옛날에는 지식인이 할 수 있는 일의 주종은 관료가 되는 것이다. 공부자가 당신 제자들의 취직자리를 마련해주려고 애쓰는 모습을 이 장절에서 읽을 수 있다. 제자들이 지닌 장점을 정확하게 파악하고 있었던 위대한 스승의 면모를 접할 수 있는 기록이기도 하다. 공부자는 정치가가 될 수 있는 자질로서 '과단성(果)'과 '해박한 지식(達)' 그리고 '다재다능한 자질(藝)'을 열거했다. 사안에 대한 투철한 내용 파악과 과단성 그리고 이를 실현하기 위한 능수능란한 수완은 지금의 정치현실에도 필요한 덕목이다.

子曰, "賢哉, 回也! 一簞食一瓢飮, 在陋巷, 人不堪其憂, 回也, 不改其樂, 賢哉, 回也!"

공부자께서 말씀하셨다.
"어질구나 안회여! 한 그릇의 밥과 한 그릇의 냉수를 마시며 누추한 곳에 살고 있으면서, 일반인들은 이를 근심하여 견디지 못하는 터인데, 회回는 그 즐거움을 바꾸지 않으니 진실로 어질구나 회여!"(「雍也」 9章)

子謂子夏曰, "女爲君子儒, 無爲小人儒."

공부자께서 자하에게 말씀하셨다.
"너는 군자다운 지식인이 되어야지 절대로 소인 같은 지식인이 되어서는 안 된다."(「雍也」 11章)

子曰, "孟之反, 不伐. 奔而殿, 將入門, 策其馬, 曰, '非敢後也,馬不進也.'"

공부자께서 말씀하셨다.
"맹지반(노魯나라의 대부)은 공적을 자랑하지 않는구나. 싸움에 패해서 후퇴할 때 군대의 후미에서 적을 막다가, 성문으로 들어갈 때에 말을 채찍질하며, '내가 용감하여 뒤에 처진 것이 아니라 말이 잘 달리지 않았기 때문이다' 하고 말했다."(「雍也」13章)

공부자가 언급한 '안자'와 '자하'* 그리고 '맹지반'의 조항에서 오늘날 우리에게 절실히 요구되는 지식인의 모습을 발견하게 된다. 공부자의 시대에서 2600여 년이 흘렀지만 인류역사가 진실로 필요로 하는 인물형은 조금도 변하지 않았음을 새삼 확인하게 된다. 비정상적인 방법으로 부를 축적하여 호의호식好衣好食을 일삼으며 고대광실高臺廣室에 안락하게 살고 있는 부도덕한 천부賤富들이 활개 치는 오늘의 현실에서 안회와 같은 인물이 주는 감동은 더없이 중후한 것이다.

공부자가 자하에게 국가와 민족을 진심으로 걱정하는 군자다운 지식인 곧 군자유君子儒가 되어야지, 사리사욕에 몰두하는 소인배 같은 사이비 지식인 곧 소인유小人儒가 되어서는 안 된다고 당부한 것은 시대를 초월한 명제이다. 소인유가 판을 치고 있는 현실에서 애제자愛弟子 자하에게 제시한 지식인 상은 시대를 초월하여 반드시 명심해야 할 사안이

* 자하(子夏) : B.C. 507~? 공자의 제자. 이름은 복상卜商, 자하는 그의 자. 공자가 편저한 경전과 고대문화 연구의 성과를 재해석하고 후세에 전하였음. 공자 사후에는 제자 교육에 힘을 썼고, 위문후魏文侯의 스승이 되었음. 그러나 만년에 자식의 죽음에 지나치게 슬퍼하다가 실명하였다 함.

다. 참 지식인, 즉 군자유의 전범을 맹지반이 취한 행동에서 접할 수 있다. 맹지반은 자신의 공적을 자랑하지 않고 오히려 그것을 감추며 겸손해 했다. 전쟁의 경우 승전보다 패전이 더 심각한 것은 말할 것도 없다. 패전한 상황에서 맹지반은 후퇴하는 군대의 뒤쪽에서 서서 적군을 막아 장병들의 목숨을 구했는데, 자신도 달아나고 싶었지만 말이 잘 달리지 않았기 때문이라고 변명 아닌 변명을 할 정도로 순수하고 성실한 인물이었다. 사소한 성과를 올리고도 이를 침소봉대針小棒大하여 위대한 업적을 올린 것으로 떠벌리는 오늘의 지식인들이 거울삼아야 할 인물형이다.

子曰, "不有祝鮀之佞, 而有宋朝之美, 難乎免於今之世矣."

공부자께서 말씀하셨다.
"축관祝官인 타鮀*의 웅변 실력과 송나라의 조朝*와 같은 미모를 갖지 않으면 지금 세상에서 난국을 벗어날 수 없을 것이다." (「雍也」14章)

子曰, "質勝文則野, 文勝質則史, 文質彬彬然後, 君子."

공부자께서 말씀하셨다.
"본질이 장식을 지나치게 압도하면 야하고, 장식이 본질을 압도하면 간사하게 되기 때문에, 본질과 장식의 조화가 적절히 이루어져야만 군자라고 할 수 있다." (「雍也」16章)

* 타(鮀) : 춘추시대 위衛나라의 대부. 자는 자어子魚. 말재주가 뛰어났다 함.
* 조(朝) : 춘추시대 송宋나라 공자로, 미모가 뛰어났다 함.

子見南子, 子路不說. 夫子矢之曰, "子所否者, 天厭之! 天厭之!"

공부자가 남자南子*를 만나자 자로가 이를 불쾌하게 여겼다. 공부자는 자로에게 단호한 어조로, "내게 만일 하자가 있다면 하늘이 나를 버릴 것이다! 하늘이 나를 버릴 것이다!" 하고 응수했다. (「雍也」 26章)

위에 인용한 『논어』의 편장을 통하여 시대가 무한히 진행한다고 해서, 인간과 인간이 생존하고 있는 사회상의 본질이 변하는 것인가, 하는 문제를 새삼 돌이켜보게 한다. 서력기원전 6세기경에도 웅변이 필요했고, 지금도 웅변은 더욱 필요하다. 특히 매스컴이 발달한 오늘에 있어서 웅변이 한층 더 필요하게 되었음을 절감하고 있다. 뿐만 아니라 미남 미녀의 가치가 시대가 아득히 흘러간 오늘에도 위력을 잃기는커녕, 오히려 그 효용성이 배가되고 있는 실정이 아닌가. '축타'와 같은 웅변과 '송조'와 같은 미모는 소위 21세기에 와서 가일층 절실하게 필요로 하는 것은 무엇 때문인가. 남녀를 막론하고 성형수술이 도도하게 범람하는 오늘의 현실을 공부자가 예견한 것인지도 모르겠다.

공부자는 군자는 모름지기 질質과 문文을 함께 구비해야 한다고 했다. '질'은 본질을 말한 것으로 즉 인간의 내면을 뜻하고, '문'은 장식적 요인을 의미하는데 다시 말하면 외면의 미美를 가리킨 것이다. 문과 질 가운데 어느 하나만 지나치게 발달하면 참다운 군자가 아니라는 해석이다. 막걸리는 도자기에 담아야만 막걸리의 진가가 드러나고,

* 남자(南子) : 춘추시대 위령공衛靈公의 부인. 송나라 출신으로 행실이 부정하였으며, 송나라 공자 조朝와 사통하였다 함.

양주는 글라스에 담아야 제 맛이 나는 것과 동일하다. 공부자는 본질적인 면 못지 않게 본질을 돋보이게 하기 위해서도 장식적인 요소가 필요함을 역설했다. 공부자의 참신성을 이 구절을 통하여 다시 확인하게 된다.

공부자가 당시 위령공의 부인으로서 행실이 좋지 않았던 남자南子를 만난 것을 두고 직선적인 성격을 지녔던 자로는 못마땅하게 여겼다. 이를 안 공부자는 단호한 어조로 당신이 남자를 만난 것은 한 점의 부끄럼도 없는 시도이고, 또한 어떤 잘못이 있었다면 하늘이 자신을 버릴 것이라고 두 번이나 힘주어 말했다. 남자는 당시의 유명한 미남자인 송조宋朝와 불미스런 소문이 있었던 여인이었다. 미남자가 여인들에게 인기가 있는 것은 동서고금을 막론한 현실임을 『논어』를 통하여서도 느낄 수 있다. 공부자는 당신의 경륜을 펼치기 위해 위衛나라의 영공을 만나야 했고, 그러기 위해서는 소군小君(임금의 부인)을 먼저 만나는 것이 고례古禮였다고 애써 『논어집주論語集註』에서는 변명을 했지만, 자로의 느낌대로 석연치 않은 것은 사실이다. 아마도 공부자는 권도權道(정당한 목적을 위한 방법상의 융통성)적 인식에서 남자를 만났던 것 같다. 사마천의 『사기』 「공자세가」에서는 휘장을 사이에 두고 공부자가 남자를 만났다고 했지만, 당시로서는 성인聖人과 음녀淫女의 만남을 두고 논의가 분분했던 사건이 아니었던가 한다. 남자를 징검다리로 해서라도 위령공을 만나서 세상을 제도하겠다는 공부자의 간절한 충심을 읽을 수 있다.

자공子貢이 "만일 백성에게 널리 베풀고 많은 사람을 구제해준다면 인仁의 실천으로 볼 수 있습니까?" 하고 묻자 공부자는 "어찌 이를 '인'이라고만 하겠느냐, '성聖'의 경지에 도달한 것이다! 요순堯舜도 그렇지 못함을 걱정했다"고 한 후, '인'을 다음과 같이 정의했다.

"夫仁者, 己欲立而立人, 其欲達而達人. 能近取譬, 可謂仁之方也已."

"본래 인이란 내가 이루고 싶은 것을 남도 이루게 하고, 자신이 도달코자 하는 것을 남도 도달케 하는 것이다. 인은 멀리 있는 것이 아니고 자기 주변의 가까운 데서 취하여 비유하면 이것이 바로 인을 실천하는 방법이다."(「雍也」28章)

인물론을 개진한 「공야장」편과 「옹야」편의 결론이 위의 인용문처럼 인의 정의로 마무리한 것은, 공부자의 인물론의 중심 요소가 '인'의 실천에 있음을 분명하게 밝힌 것이다.

7. 인간 공자의 풍모 － 「술이 述而」

「술이述而」편은 37장으로 짜여져 있다. 『논어』 20편 중 비교적 분량이 많은 편장 중의 하나이다. 「술이」편은 공부자의 인간적 면모와 학문의 성향 등에 대해서 집중적으로 언급하고 있다. 「술이」편 바로 앞 편장이 「옹야」편인데, 「옹야」편의 결론에 해당되는 28장이 '인仁'과 '성聖'에 대한 자공과 공부자의 문답으로 마무리된 것은, 「술이」편으로 나아가기 위한 문제제기로 생각된다. 공부자의 면모를 기술함에 있어서 「옹야」편의 결론인 '성'과 '인'이 주축이 되고 있다는 것이 이를 뒷받침한다. '성'과 '인' 같은 무거운 내용을 「술이」편에서 논의하면서, 따뜻한 숨결이 느껴지는 공부자의 인간적인 모습을 바탕에다 짙게 깔고 있는데, 이는 여타의 성인들을 기술한 많은 저작들과 차이가 나는 부분이다.

공부자는 '작作'보다 '술述'이 후세에 더 많은 가치와 빛을 발휘하리라는 것을 알고 있었다. 어설픈 '작'은 그것이 지닌 약점으로 인해 시간이라는 역동적인 힘에 의해 마모되고 부정될 확률이 많다는 사실을 예견했던 듯하다. 공부자의 다방면에 걸친 면모를 기술한 「술이」편을 통하여, 곡식은 익을수록 고개를 숙인다는 옛말의 참뜻을 읽을 수 있다. 알갱이가 없거나 차지 않은 쭉정이들이 고개 숙인 이삭들 사이에 머리를 곧추세운 꼴불견을 가을 들녘에서 보았던 기억이 새롭다. 쭉정이 같은 사이비 이삭들로 가득 찬 현실을 감안할 때, 「술이」편이 주는 감동은 새롭기 그지없다.

子曰, "述而不作, 信而好古, 竊比於我老彭."

공부자께서 말씀하셨다.
"전술傳述했을 따름이지 새로운 것을 창작하지 않았고, 전통적인 것을 믿고 좋아했다. 구태여 비유한다면 나는 노팽과 비슷하다고 하겠다."
(「述而」1章)

子曰, "默而識之, 學而不厭, 誨人不倦, 何有於我哉?"

공부자께서 말씀하셨다.
"묵묵히 학식을 연마하고 배우기를 싫증내지 않으며 사람 가르치기를 게을리 하지 않는 이러한 것들 중에서 어느 것이 나에게 있겠는가?"
(「述而」2章)

주자朱子는 '술述'은 옛 것을 전하는 것이고 '작作'은 새로운 것을 창시하는 것으로서, '작'은 성인만이 할 수 있지만 '술'은 현자면 가능하다고 풀이했다. 주자의 해석을 따른다면 공부자 자신도 스스로를 평하여 성인은 못되고 현자 정도로 인식했다고 볼 수도 있다. 인류 역사에 있어서 진정한 의미에서 '작'이 존재하는 것인가 하는 의문을 품을 수 있다. 왜냐하면 새로운 경지를 개척한 것으로 인식되는 많은 창작물들이, 우리가 모르고 있었을 따름이지 실제로는 이미 옛날부터 존재했던 것이 태반이기 때문이다. 새로운 물질을 아무리 많이 개발해봐야 옛날부터 있어왔던 금과 은, 그리고 각종의 보석류들보다 값진 것이 못된다는 것도 참작된다. 동양의 경우 '사서삼경'보다 더 훌륭한 저술이 사서삼경 이후에 저작되었던가를 회상해보면, 옛날부터 있어왔던 것들의 가치를 재인식하게 될 것이다. 지구가 태양 주위를 돈다는 진리가 옛날 것이라 해서 배척하고 부정할 수 있는가를 생각할 때, 옛것이라고 해서 쉽게 매도되는 오늘의 현실이 안타깝다.

공부자는 스스로를 평하여 전통을 계승하고 발전시키는 점은 노팽老彭(은대殷代의 현자)과 동일하다 했고, 배우고 배운 것을 익히고 배운 것을 제자들에게 가르치는 등의 일들 모두가 자신에게는 쉬운 일이 아니라고 고백했다. 흔히 이를 두고 공부자가 겸양의 뜻을 펼친 것으로 보지만, 필자는 공부자 역시 인간이었기 때문에 배우고 익히고 가르치는 일들이 마냥 즐거운 것만은 아니었다는 사실을 고백한 것으로 이해한다. '술이부작述而不作'이 만고의 진리인 점은, 『논어』의 본문은 영원하지만 본문을 풀이한 제가諸家들의 해석은 지금도 부정否定되고 정정訂正되고 있는 현실이 웅변으로 이를 말해준다.

子曰, "甚矣, 吾衰也! 久矣, 吾不復夢見周公."

공부자께서 말씀하셨다.
"내가 매우 노쇠했구나! 이처럼 오랫동안 주공周公을 꿈속에서 다시 못

보고 있으니." (「述而」5章)

子曰, "志於道, 據於德, 依於仁, 游於藝."

공부자께서 말씀하셨다.
"도에 뜻을 두고, 덕에 근거하여 행동하고, 인에 의지하며, 육예六藝를 체득해야 한다." (「述而」6章)

子曰, "自行束修以上, 吾未嘗無誨焉."

공부자께서 말씀하셨다.
"속수束修의 예 이상을 베푼 사람들에게 내 일찍이 제자로 받아들여 가르치지 않은 바가 없었다." (「述而」7章)

子曰, "不憤不啓, 不悱不發, 擧一隅, 不以三隅反, 則不復也."

공부자께서 말씀하셨다.
"스스로 통하려고 노력하지 않으면 계발해주지 않았고, 표현하지 못해 애태우지 않으면 말해주지 않았으며, 한 부분을 열거해주었을 때 나머지 세 분야를 반응하지 못하면 다시 더 가르치지 않는다." (「述而」8章)

공부자는 주공周公*을 최고의 인물로 인식하여 주공이 완성한 주실周

* 주공(周公) : 이름은 희단姬旦. 주왕조를 세운 문왕文王의 아들이며 무왕武王의 동생. 무왕과 무왕의 아들 성왕成王을 도와 주왕조의 기초를 확립함. 주왕실로부터 노魯나라를 봉지로 받았음. 중국 고대의 정치·사상·문화 등 여러 방면에 공헌하여 유학자에 의해 성인으로 추앙받음.

室의 문물예악文物禮樂을 회복하는 것을 자신의 소임으로 삼았다. 공부자가 이처럼 주공을 존숭한 것은 자신의 고국인 노魯나라의 시조라는 사실과도 무관치 않을 것이다. 그러나 공부자가 주공이 당신 조국의 시조였다는 사실 하나만으로 그토록 존경하지는 않았을 것이다. 꿈속에 주공을 자주 보았을 정도로 숭앙의 마음이 절실했다. 주공이 주나라에 세운 공적으로 인해 제후국인 노나라가 천자의 예악을 향유하긴 했지만, 이를 그대로 실시한 것은 반드시 정당하다고는 할 수 없다. 만일 노나라가 아닌 여타의 제후국이 천자의 예악을 사용했다면 공부자가 이를 두고 어떤 반응을 했을 것인지 궁금하다.

공부자는 또 도·덕·인·예를 열거하면서 제자들에게 도와 덕에 기반을 두고 인을 실천하되 육예六藝*를 통하여 낭만적인 풍류도 배제하지 말라고 당부했다. 도에서 입지立志를 한 후 덕을 실천하여 인을 널리 베푸는 데 그치지 말고, 성정을 도야하기 위해 아침저녁으로 육예를 생활화하는 것을 잊지 말도록 역설했다.

공부자는 사제간에 지켜야 할 도리에 대해서도 일정한 격식이 있어야 한다고 했다. 제자가 되고자 하는 사람은 스승에게 바칠 최소의 예물은 준비해야 한다는 것이다. 즉 속수束脩*이상의 예물을 가져와야만 제자로 삼는다는 의미이다. 공부자가 사제 관계를 맺음에 있어서 고가의 예물을 받아야만 제자로 인정한다는 그런 의도가 아니라, 스승을 찾는 제자가 지켜야 할 최소한의 물질적 사례는 필요하다는 의지를 밝

* 육예(六藝) : 예禮·악樂·사射·어御·서書·수數.
* 속수(束脩) : 육포肉脯 열 두름을 묶은 것으로 당시에 스승을 찾아가는 최소의 예물임.

힌 것이다. 고가의 물질이 아니라 소박한 정성이 담긴 선물은 찾아뵙는 제자와 이를 맞는 스승 간에 따뜻한 교감을 불러일으키는 촉매제로서의 기능이 있음을 긍정한 것이다.

정성이 담긴 질박한 예물을 받고 제자로 삼은 후 그들을 훈도함에 있어서도 어떤 법칙이 있었다. 가르쳐도 발전이 없는 제자나 학업성취에 대해 확실성이 없는 학생들은 제자로 두지 않으려는 확고한 뜻을 읽을 수 있다. 스스로 배우려고 하지 않는 자와, 배운 바를 질서정연하게 표현코자 하는 의지가 없거나, 하나를 말하면 몇 가지를 깨칠 수 있는 일정한 수준 이상의 지능이 없는 학생에 대해서, 공부자는 이들을 과감하게 배제했다. 덮어놓고 많은 제자를 거느리고자 하는 선생들의 일부 잘못된 제자 욕심에 대한 경고이기도 하다.

子曰, "富而可求也, 雖執鞭之士, 吾亦爲之. 如不可求, 從吾所好."

공부자께서 말씀하셨다.
"정당한 부의 경우 이를 추구해서 얻을 수 있다면, 비록 말채찍을 잡는 일이라도 나 또한 서슴없이 하겠다. 그러나 구해서는 안 될 옳지 못한 부라면 나는 이를 버리고 좋아하는 바를 따르겠다." (「述而」 11章)

子曰, "飯疏食飮水, 曲肱而枕之, 樂亦在其中矣. 不義而富且貴, 於我如浮雲."

공부자께서 말씀하셨다.

"거친 밥을 먹고 냉수를 마시고 팔을 굽혀 베개 삼아도 즐거움은 그 가운데 있다. 의롭지 못한 방법으로 부와 귀함을 얻는 것이라면, 그것은 나에게 뜬구름과 같을 따름이다."(「述而」 15章)

부와 귀는 인간이 추구하는 것 중에서 최상으로 치는 것이다. 흥미로운 것은 귀보다 부가 앞에 있다는 점이다. 귀는 부를 전제했을 때라야만 가능해진다는 의미이다. 2600여 년 전의 공부자도 정당하게 얻을 수 있는 부라면 마부노릇도 하겠다는 극단적 표현을 했지만, 부정한 부에 관해서는 단호한 태도로 이를 배격했다. 꽁보리밥을 먹고 냉수를 마시며 팔베개로 자는 곤궁한 삶이, 부정한 방법으로 얻은 부보다 낫다고 결론지은 후, 사악한 방법으로 획득한 부는 하늘에 떠가는 뜬구름과 같은 것으로 의미가 없다고 공부자는 말했다.

천부賤富와 졸부猝富가 제 세상 만난 듯이 방자하게 판을 치는 현실에서, 『논어』의 이 같은 몇 마디의 말들은 이들에게 자숙할 것을 경고한 것으로서 시대를 초월한 잠언箴言이다. 천부·졸부가 횡행하는 현실 속에서 한 가지 위안이 되는 것이 있다면 퇴계退溪나 율곡栗谷이 살았던 시대에도 부자는 많았을 터인데, 그들 부자들이 역사에 나타나지 않았을 뿐만 아니라 칭송되지도 않았다는 사실이다. 『삼국사기三國史記』나 『고려사高麗史』및 『증보문헌비고增補文獻備考』등 각종의 역사서들에도 수천 년 동안 부자들을 입전立傳하지 않았던 것은, 우리 민족이 가졌던 자산가에 대한 인식을 말해주는 것이다.

중국의 경우는 사마천司馬遷의 『사기史記』를 필두로 하여 소위 재벌들의 실상과 업적에 관해서 기술한 화식열전貨殖列傳들이 거의 모든 역사서들에 편차되어 있는 데 반해, 우리나라에서는 뇌천雷川(김부식金富軾)의 『삼국사기』를 비롯하여 이후의 모든 역사서들에도 화식열전은 없다. 각종 역사책에서 역대에 실제로 존재했었고 당대에 큰 영향력을 발휘했던 자산가들을 입전하지 않았던 것은, 우리 한민족의 재화 의식의 일단을 말해주는 듯하다. 이는 우리 민족이 지금까지 학문과 학자들을 얼마나 중시했던가를 말해주는 증거이다. 그러나 이 같은 학문 내지는 학자를 존숭하는 전통이 앞으로 얼마나 지속될지는 의문이다.

子在齊聞韶, 三月不知肉味, 曰, "不圖爲樂之至於斯也."

공부자께서 제나라에 계실 때, 소악韶樂(순舜임금의 악장樂章)을 듣고 이를 익히는 석 달 동안 고기 맛을 잊었다. 공부자가 소악을 두고 말씀하시기를, "음악이 이 같은 경지에 이를 줄은 미처 몰랐다" 하셨다. (「述而」 13章)

子與人歌而善, 必使反之, 而後和之.

공부자께서 남들과 더불어 노래를 부를 때, 상대가 노래를 잘하면 반드시 반복하게 하고 거기에 맞추어서 함께 노래했다. (「述而」 31章)

공부자는 음악을 특히 애호했다. 예禮만 중시한 것이 아니라 악樂이 갖는 기능과 효용을 누구보다 긍정하고 있었다. 백성의 화합을 위해 악은 반드시 장려되어야 한다고 인식한 것이다. 공부자는 「팔일」편에서도 소악韶樂을 일러 '진선진미盡善盡美' 하다고 격찬했다. 이와는 달리 은왕조를 멸망시키고 건국한 주왕조의 악인 '무악武樂'에 대해서는 진미盡美이지 진선盡善은 아니라고 규정했다. (「팔일」 25장) 순은 요로부터 천명에 의거하여 평화적으로 정권교체를 했기 때문에 무악보다 높이 평가한 것이다. 그러나 순임금이 요임금의 사위였다는 점을 감안할 때, 현재 우리가 칭송하고 있는 만큼 진실로 진선진미한 정권교체인지는 의심되는 면이 있다.

공부자는 왕조 악무인 소악만 좋아한 것이 아니라, 일종의 고급 대중음악으로 여겨지는 '가歌'에 대해서도 상당한 애착을 가졌을 뿐 아니라, 스스로 즐겨 노래했고 노래를 잘하는 사람이 있으면 반복하여 노래 부르게 한 후 따라서 부르기도 했다. 유별나게 우리 한민족이 노래 부르기를 좋아하는 터인데, 공부자가 이처럼 노래를 즐겼다는 사실에서 공부자가 동이인東夷人*이라는 확인할 수 없는 설도 반드시 맹랑한 것만은 아닐 듯하다.

陳司敗問, "昭公知禮乎?"

孔子曰, "知禮."

孔子退, 揖巫馬期而進之曰, "吾聞君子不黨, 君子亦黨乎? 君取於吳, 爲同姓, 謂之吳孟子, 君而知禮, 孰不知禮?"

巫馬期以告, 子曰, "丘也幸. 苟有過, 人必知之."

진나라 사패가 "소공은 예를 알았습니까?" 하고 물었다.

공부자께서는 "예를 안다"고 말씀하셨다.

공부자가 물러가자 사패가 무마기에게 읍을 하며 나아가서 말했다.

* 당시 산동반도나 황해 주변에 살았던 민족도 모두 동이족東夷族이라고 했음.

"내가 듣기로 군자는 편당하지 않는다 했는데, 군자도 역시 편당을 합니까? 소공은 오吳에서 부인을 데려왔고, 오는 노나라와 동성同姓인데도 불구하고 오맹자라고 했으니, 그 임금(소공)이 예를 안다고 하면 어느 누가 예를 모르겠습니까?"
무마기가 이를 그대로 고하자 공부자께서 말씀하셨다.
"나는 진실로 행복한 사람이다. 만일 과오가 있으면 남들이 이를 반드시 알고 있구나." (「述而」 30章)

위 장절에 등장하는 인물은 공부자와 사패 그리고 무마기인데, 진인陳人 사패가 공부자를 시험한 감이 있는 구절이다. 노나라 소공이 소공과 동성同姓인 오나라의 희씨姬氏를 부인으로 맞은 후, 같은 성임을 감추기 위하여 '오희자吳姬子'라고 함이 마땅한데도 불구하고 '오맹자吳孟子'라고 거짓이름을 붙였는데, 사패는 이 같은 사실을 알고 당대의 저명인사로서 군자라고 알려진 공부자가 어떤 대답을 할 것인지 알고자 했던 듯하다. 이에 공부자는 조국의 군주를 두고 예를 모른다고 감히 말할 수가 없었기 때문에 가벼운 마음으로 예를 아는 군주라고 응대했다. 그러나 사패는 이에 동의하지 않고, 불편부당해야 할 공부자 같은 성인이 자신의 나라 군주라고 해서 편당적인 시각에 입각하여 정당하지 못한 평가를 하는 것은 군자답지 못한 소행이라고 확실하게 비판했다. 사패의 이 같은 비판을 들은 공부자는 자신의 잘못을 솔직히 시인한 후, 누구를 막론하고 어떤 잘못이 있을 경우 이를 아무리 은폐코자 해도 결코 숨길 수 없다는 사실을 상기시키면서, 자신이 이처럼 훌륭한 지식인을 만난 것을 퍽이나 행복하게 생각한다고 결론짓고 있다.

공부자는 당신의 조국인 노나라 군주의 부적절한 혼인에 대해서 알고 있었지만, 예를 안다고 대답할 수밖에 없었던 처지에 있었다. 이 문맥에서 우리가 느낄 수 있는 것은, 위대한 불세출의 성인일지라도 자신이 태어나고 성장한 조국에 관해서는 편당적인 성향에서 완전히 벗어날 수 없다는 사실이다.

8. 고대 성현들에 대한 단평 - 「태백泰伯」

「태백泰伯」편은 모두 21장으로 구성되어 있다. 『논어집주』 20편 중 각 편 머리에 설명이 없는 편장이 모두 아홉 개인데 「태백」편이 그 중의 하나이다. 약 절반에 해당되는 편장에 다른 편장과 달리 해설이 없는 것을 두고 특별하게 의미를 부여할 필요가 없을 수도 있다. 그러나 선인들이 『논어집주』를 편찬할 때 해설을 붙이지 않았던 것은 어떤 연고가 있었을 것이다. 편장의 주제를 명확하게 구분할 수 없었거나, 구태여 기술할 필요가 없다고 생각했는지도 모르겠다. 아니면 해당 편장의 주지主늡를 독자에게 맡겨서 스스로 판단하게 하려는 의도가 있었을 법도 하다. 여하튼 「태백」편은 약간의 설명도 붙이지 않고 그저 21장으로 짜여져 있다고만 모두에 기술했다.

「태백」편은 중국 고대 성현들의 면모가 집중적으로 채록된 편장이다. 「태백」편에 나오는 인물들을 순서대로 제시하면 태백泰伯*을 위시해

* 태백(泰伯) : 주周나라 태왕太王의 장자.

서 '공부자, 증자曾子, 주공周公, 순舜, 우禹, 요堯, 문왕文王, 무왕武王, 문모文母(문왕의 비妃 태사太似)' 등이다. 이들 성현들 이외에 '직稷, 계契, 고요皐陶, 백익伯益' 등 소위 순임금의 오신五臣(우禹임금을 여기서는 제외했음)과 주공 단周公旦을 비롯한 '소공 석召公奭, 태공망太公望, 필공畢公, 영공榮公, 태전太顚, 굉요閎天, 산의생散宜生, 남궁괄南宮适'의 십신十臣들이 등장한다. 그러나 이들 십신 중에 문모가 포함되어 있는 바, 문모는 무왕의 어머니인데 어찌 신하로 볼 수 있느냐 하는 반론이 일찍부터 있었다. 후세의 주석에서 문모가 아니라 무왕의 왕비인 읍강邑姜일 가능성이 있다고 했지만, 동양에서 왕비는 왕과 동격이니 신하가 될 수는 역시 없다.

「태백」편에서 '증자왈曾子曰' 또는 '자왈子曰'이라고 했는데, 유독 '무왕왈武王曰' 다음에는 '공자왈孔子曰'이라고 달리 표현한 것은, 군신간의 층위가 있었기 때문이라고 했다. 「태백」편에는 맹경자孟敬子와 사지師摯(노나라의 음악가) 같은 인물들이 나타나기도 하지만, 『논어』의 여러 편장 가운데 이처럼 한 점의 하자도 찾기 어려운 성현들이 집중적으로 등장한 예는 없는 듯하다. 중국 고대 성인들이 모두 「태백」편에 대서특필되어 묘사되고 있는 데 반해, 하조夏朝를 전복하고 창업한 은조殷朝의 시조 탕왕湯王이 나타나지 않은 것은 이상하다. '하夏·은殷·주周'는 이른바 '삼대지치三代之治'를 이룩한 이상적인 국가로 널리 인정되고 있는 점을 감안할 때, 공부자가 탕왕을 명시적으로 언급하지 않았던 것은 필시 어떤 연유가 있었을 것이다. 주대에 다른 전조의 악무와 변별하여 국가공식 악무로서 상송商頌을 연주하지 않았던 것과도 관계가 있을 법하다. 주나라가 은력殷曆(은나라의 정삭正朔)을 버린 것은 역성혁명을 하면 먼저 정삭을 바꾸는 것이 관례였기 때문에 문제가 되지 않았지만, 한무제漢武

帝 이후 모든 왕조가 하력夏曆*을 채택한 점도 시사되는 바가 있다.

은나라 주나라 모두가 역성혁명을 했지만, 공부자가 유독 '탕왕'을 논하지 않았던 것은, 가능한 한 정권 전복을 인정치 않으려는 공부자의 의중을 헤아릴 수 있는 단서가 되기도 한다. 중국의 역사는 한족漢族의 국가를 중심으로 정통성을 찾고 있다. 원조元朝와 청조淸朝가 중국의 강역을 그처럼 확장시켜 주었는데도 불구하고, 이들 왕조에 대한 평가는 통시적으로 최악이다.

만일 원조와 청조가 없었다면 중국은 오늘의 중국이 결코 될 수 없었을 것이다. 그런 의미에서 몽고족과 여진족은 주제파악을 못하고 스스로의 묘혈을 파고 말았다는 평도 감수해야 한다. 본래부터 갖고 있었던 그들의 광활한 땅과 민족들을 한족에게, 긴 역사의 맥락을 감안할 때 일순간에 불과한 수백 년간의 집권을 대가로 하여 헌납하고 만, 돌이킬 수 없는 우를 이들 민족은 범한 것이다.

子曰, "泰伯, 其可謂至德也已矣. 三以天下讓, 民無得而稱焉."

공부자께서 말씀하셨다.
"태백은 지극히 높은 덕을 가진 사람이라고 할 수 있다. 세 차례나 천하를 사양했음에도 불구하고 백성들이 이를 칭송조차 할 수 없게 했으니."

(「泰伯」1章)

* 하정夏正은 인통人統으로 건인建寅을 세수歲首로 했으므로 정월正月 맹춘孟春이 새해의 벽두가 됨.

曾子, 有疾, 召門弟子曰, "啓予足, 啓予手. 『詩』云, '戰戰兢兢, 如臨深淵, 如履薄氷', 而今而後, 吾知免夫, 小子!"

증자가 병환중에 있었을 때 제자들을 불러놓고 말하였다.
"내 발을 펴보고 손을 펴보아라. 『시경』에 이르기를 '삼가고 근신하기를, 마치 깊은 연못가에 서 있는 것처럼 하고, 살얼음을 밟고 물을 건너는 것처럼 하라' 했지만, 이제부터는 이 같은 긴장감을 면하게 되었구나, 여러 제자들아!"(「泰伯」3章)

다른 각도에서 본다면 「태백」편은 증자를 부각시키기 위한 의도에서 짜여지지 않았나 하는 해석도 가능하다. '증자왈曾子曰, 증자언왈曾子言曰' 등으로 표기하여 '자왈子曰'과 분별코자 한 흔적도 보이지만, '무왕왈武王曰' 다음에 공부자의 경우도 '공자왈孔子曰'이라 표기하고 있는 만큼, 공부자와 증자가 거의 비슷한 위상으로 기술된 편장으로 봐도 무리가 없다. 『논어』가 증자의 문인들에 의해 편찬되었다는 설도 참고가 된다. 공부자는 태백이 천하를 세 번이나 사양했다고 격찬했지만, 당시 태백의 아버지인 '태왕太王'은 아직 천하를 차지하지 못한 처지였고, 태왕이 자신의 영역을 셋째아들 계력季歷의 아들인 손자 '문왕文王'에게 물려줄 의향이 있었다는 『논어집주』의 주석이 사실이라면 사실상 양보한 것도 아니다.

권력자는 대체로 맏아들보다 말자末子를 사랑했다. 그것은 나이가 어리기 때문에 자신의 권력이 그만큼 순리적으로 연장된다는 원초적 사유와도 관련이 있다. 이는 몽고족이나 여진족은 대부분 말자상속末子相續을 선호해 왔다고 알려져 있는 것도 참작이 된다. '태왕'이 그의 막내인 계력도 아니고, 그 막내의 아들인 손자 '문왕'을 점찍고 있었던 것은, 조선조 영종英宗이 손자인 정종正宗에게 대권을 물려준 사실을 연상케 한다. 태왕의 장자 태백이 아버지의 의중을 읽고 머리를 깎고 문신을 한 후 형만荊蠻으로 도주했다는 기록을 봐서도, 천하를 세 번 사양했다는 것은 아무리 여러 사실을 열거하여 합리화한다 하더라도 수긍하기 어렵다. 우리는 여기서도 공부자가 당신 조국 주왕조에 대한 강력한 애국심을 다시 한번 접하게 된다.

증자는 병환중에 여러 문도를 불러모아 자신의 수족을 보이며 부모로부터 물려받은 신체발부를 추호도 손상시키지 않고 삶을 마감하게 되는 것을 자랑하며 효를 강조했다. 증자 역시 스승인 공부자처럼 중요한 사안마다 『시경』을 인용하고 있는데, 이는 『시경』이 당시에 얼마나 큰 영향력을 발휘하고 있었던가를 말해주는 대목이다. "전전긍긍戰戰兢兢 여림심연如臨深淵 여리박빙如履薄氷"은 부모로부터 받은 신체를 지키는 데만 해당되는 것이 아니라, 동서고금을 막론하고 인간들이 세상을 살아가는 데 있어서 반드시 가져야 할 자세이기도 하다. 그러므로 죽음에 임박해서야 삶의 긴장을 풀었다는 증자의 독백은 효성에만 국한된 것이 아니고, 증자 자신이 살아온 삶의 전반에 대한 태도라고 여겨진다.

曾子曰, "可以託六尺之孤, 可以寄百里之命, 臨大節而不可奪也, 君子人與? 君子人也."

증자가 말하였다.

"어린 임금을 맡길 만하고 백 리 강역 나라의 장래를 부탁할 수 있으며, 존망을 건 위기에 임해서 꿋꿋하게 지조를 지키는 사람을 군자라고 할 수 있겠는가? 그렇다 바로 이 같은 사람이 군자이다."(「泰伯」6章)

曾子曰, "士不可以不弘毅. 任重而道遠. 仁以爲己任, 不亦重乎? 死而後已, 不亦遠乎?"

증자가 말하였다.
"선비는 도량이 넓고 뜻이 굳세지 않으면 안 된다. 책임이 무겁고 가야 할 길이 멀기 때문이다. 인으로서 자신의 소임을 삼으니 막중하지 않은가? 죽은 뒤에라야 임무가 끝날 테니, 갈 길이 멀지 않겠는가?"(「泰伯」7章)

증자는 군자의 정의를 제후국의 정체성 보존과 통치능력 그리고 초지일관하는 대절大節을 지닌 사람으로 규정했다. 어린 지도자를 보호하여 나라를 지키고 백리 제후국百里諸侯國의 강토와 백성을 보전하기 위해, 위기에 임해서도 목숨을 걸고 초지일관하는 사람이라야만 군자라고 그는 자문자답 형식으로 말했다. 군자보다도 성현의 위상에 있는 '주공周公' 같은 분을 우리는 이 같은 경계를 실천한 인물로 칭할 수 있다. 증자는 '군자는 반드시 인仁을 근간으로 해야 한다'고 못 박았는데, 이는 스승인 공부자의 사상을 계승했음을 뜻한다. 증자 역시 공부자와 마찬가지로 인을 관용이나 너그러움으로만 본 것이 아니라, 위기에 처해서 정의를 위하여 목숨을 바칠 수 있는 대절이 인의 핵심이라고 인식했다. 군자와 같은 의미로 사용된 '사士'의 개념 규정도 도량이 넓고 굳센 의지를 가진 선비로 정의했다. 왜냐하면 세상으로부터 부여

받은 사土의 임무가 너무나 막중하고 원대하다고 증자가 인식했기 때문이다.

정자程子는 증자가 제기한 사土의 자질로서의 '홍의弘毅'를, 도량만 넓고 의지력이 없거나 의지만 강하고 도량이 없을 경우, 규범성이 결여되고 협애하고 비루해져 인을 '기임己任'으로 할 자질이 없다고 단정하고, '홍弘'과 '의毅'를 조화롭게 수용해야 한다고 부연했다. 이는 '군자'와 '사'의 길이 결코 쉽지 않음을 증자가 문하생들에게 말한 것이다. 이익 앞에 모든 것을 거리낌없이 버리고 마는 요 근래의 지식인들이 한번쯤 옷깃을 여미고 읽어볼 장절이다. 특히 어린 사주社主의 자산을 빼앗고, 남의 땅을 사술로 자신의 소유로 만들며, 목전의 경제적 이익과 관직을 획득하기 위하여 신의와 지조를 유녀遊女처럼 쉽게 저버리는 요즘의 추악한 이름으로 널리 알려진 지명인사知名人土들에게 일독을 권하고 싶다.

子曰, "民, 可使由之, 不可使知之."

공부자께서 말씀하셨다.
"백성들을 가히 따르게 할 수는 있지만, 알게 해서는 안 된다."(「泰伯」9章)

子曰, "好勇疾貧, 亂也, 人而不仁, 疾之已甚, 亂也."

공부자께서 말씀하셨다
"용맹을 좋아하고 가난을 싫어하면 난을 일으키고, 인仁하지 못한 사람을 지나치게 싫어해도 난을 일으킨다."(「泰伯」10章)

子曰, "如有周公之才之美, 使驕且吝, 其餘, 不足觀也已."

공부자께서 말씀하셨다.
"설사 주공과 같은 완미한 재주를 가졌다 해도 성품이 교만하고 인색하다면, 그 나머지는 볼 필요도 없다."(「泰伯」11章)

백성들을 따르게만 해야지, 따르게 해야 하는 그 내막 전부를 알릴 필요가 없다고 한 공부자의 말은 후세에 논란이 되기도 했고, 현재와 미래의 독재자들이 백성을 장악하기 위한 수단으로 활용할 소지가 없는 것은 아니다.

그러나 이 말에 관한 공부자의 참뜻은 백성을 위하는 진실된 애민의식에 근거했다. 침입한 적을 격퇴하기 위해서 백성들의 동요를 막기 위해, 적을 격퇴할 때까지 비밀로 해둘 필요가 있는 것은 사실이다. 군대가 격전지로 진군할 때 대체로 그 사실을 알리지 않는다고 알고 있다. 만일 죽음이 교차하는 전투장으로 간다는 사실을 군사들에게 미리 알렸을 때 나타나는 여러 가지 우려되는 현상을 예방하기 위한 고육지책苦肉之策과 같은 것이다.

자고로 백성을 '궁宮 · 상商 · 각角 · 치徵 · 우羽' 중에서 '각'에다 비유했다. 각은 뿔이다, 짐승의 뿔은 어디로 향할지 예측할 수 없기도 하지만, 손으로 잡기도 힘든 부분이다. 백성을 각으로 상징한 것은 집단으로서 백성은 통치자가 제어하기가 쉽지 않다는 의미이다.

용맹을 좋아하고 가난을 미워하면, 가진 바의 용맹을 가난을 물리치고 부를 얻기 위한 수단으로 쓸 수 있다는 경고이다. 정당하지 못한 사람을 지나치게 증오하면, 무력으로 이들을 응징하려는 야심을 갖게 된다. 역사상 도처에서 자행되었던 소위 인종청소人種淸掃가 이 같은 이유에서 빚어졌다.

공부자는 주공을 특별히 존경했지만, 비록 주공과 같은 훌륭한 인물일지라도 교만하고 인색하다면 당신은 주공을 인정하지 않겠다는 단호한 의지의 표명이다. 공부자는 무엇보다 교만과 인색을 매우 싫어했음을 알 수 있다. 권력자가 교만할 때 백성들이 겪었거나 겪고 있는 현실을 되돌아보고, 자산가들이 인색하여 부의 축적에만 관심을 가지고 근로자들에게 베풀어줄 의사가 없을 때, 백성들이 감내해야 할 고통을 연상해보면 공부자가 교만과 인색을 질시했던 까닭을 우리는 이해하게 된다.

子曰, "巍巍乎, 舜禹之有天下也, 而不與焉."

공부자께서 말씀하셨다.
"위대하구나, 순임금과 우임금은 천하를 차지하고도 관여하지 않았도다." (「泰伯」 18장)

子曰, "大哉, 堯之爲君也! 巍巍乎, 唯天爲大, 唯堯則之. 蕩蕩乎, 民無能名焉. 巍巍乎, 其有成功也! 煥乎其有文章!"

공부자께서 말씀하셨다.
"크도다 요의 임금됨이여! 위대하구나 오직 하늘만이 이처럼 위대할 수 있는데, 요임금은 이를 본받았다. 넓고도 넓구나 백성들이 형용할 수 없을 정도이니. 위대하구나 요임금의 공적이여! 찬연하도다 요의 문물제도여!" (「泰伯」 19장)

舜有臣五人, 而天下治.

武王曰, "予有亂臣十人."

孔子曰, "才難, 不其然乎? 唐虞之際, 於斯爲盛, 有婦人焉, 九人而已. 三分天下, 有其二, 以服事殷, 周之德, 其可謂至德也已矣.

　순임금은 어진 신하 다섯 사람을 두었기 때문에 천하가 다스려졌다.
　무왕이 이르기를, "나에게 어진 신하 열 사람이 있다"고 했다.
　공부자께서 말씀하셨다.
　"인재 얻기가 어렵다고 했는데, 진실로 그러하지 않느냐? 요순시대만이 주대보다 성세였다고 하는데도, 열 사람 중 부인을 빼면 아홉 명밖에 되지 않으니. 문왕은 삼분천하三分天下에서 그 둘을 얻고도 복종하여 은왕조를 섬겼으니, 주의 덕을 일러 지극하다고 말할 만하다." (「泰伯」20章)

　『삼국사기』가 고려조의 합법성을 천명하는 데 그 중요한 동기가 있었고, 『고려사』는 조선조 개국의 정당성을 제창하는 데 목적이 있었던 것처럼, 『논어』도 무력으로 은조殷朝를 넘어뜨리고 건국한 주조周朝를 합리화시키는 데 하나의 목적이 있었다고 필자는 생각한다. '문왕'과 '무왕'을 두고 아무리 그 덕을 칭송하고 합리화해도, 공부자가 다소 격하한 '탕왕湯王'과 그다지 큰 차이가 있다고 믿기는 어렵다. 탕왕이나 무왕은 다 같이 결국 역성혁명을 일으킨 한 왕조의 태조太祖일 뿐이지 그 이상도 그 이하도 아니다.

　요임금과 순임금 그리고 우임금을 두고 천명에 의한 평화적 정권교체로 역사는 말하고 있다. 그러나 권력이 갖고 있는 본질적 속성을 감안할 때 이들 왕조의 정권교체 이면에 있었던 수많은 불행한 사실들을 우리가 모르기 때문에 오해하고 있는지도 모르겠다.

'문왕'이 천하의 삼분의 이를 획득하고도 은왕조를 섬겼다고 공부자는 예찬했지만, 사실상 천하를 실재로 통치하면서 그의 아들 무왕으로 하여금 나라를 갖게 하기 위한 하나의 수순으로 볼 수도 있다. 중국에서는 천자를 끼고 제후를 호령하는 사례가 허다했고, 이 같은 방법이 권력 창출의 보편적 수순이었던 점도 참고가 된다. 혹은 당시 백성들이 아직 은왕조로부터 완전히 떠나지 않았기 때문에 시기를 기다렸다고 여길 수도 있고, 한편 그가 은나라의 신하였기 때문에 차마 토벌하지 못한 것으로 이해하는 것이 순리일 듯하다.

역사는 항상 패망 직전의 권력체제와 통치자에 대해서 너무나 혹독한 평가를 했던 사실을 상기할 필요가 있다. 필자는 소위 '삼대三代의 치治'를 이룩했던 '하·은·주'의 왕들과 그 업적을 폄하할 의도는 없다. 다만 공부자가 '은왕조'에 대해서 하왕조나 주왕조에 비해 다소나마 평가가 준엄했다는 사실을 지적코자 할 따름이다.

순임금의 '오신五臣'과 무왕의 '십신十臣'이 훌륭한 인물들임에는 군말이 필요 없다. 요·순이 흠앙되는 이유가 천하의 만기萬機를 혼자 주관하지 않고 현신들을 발탁하여 적재적소에 배치하여 나라를 경영했다는 데 있음은 근·현대의 최고 통치자에게도 귀감이 된다. 무왕이 스스로 말한 '난신십인亂臣十人'에서 '난亂'은 본래 '치乿'자로서 '치治'의 옛글자라는 설도 있지만, '난'이 '치'의 뜻도 있는 만큼 별 문제가 안 된다. 공부자는 주왕조를 칭하여 '지덕至德'의 국가라고 했다. 주의 문물제도가 찬연하지 않는 것은 아니지만, 지나치게 미화된 감도 없잖아 있다.

  문왕의 장자 태백이 동생 중옹仲雍과 함께 단발문신斷髮文身까지 하면서 남녘으로 도주한 것은, 태왕의 벌은의지伐殷意志에 동조할 수 없었기 때문이라는 후세의 해석은 정당하다. 그럼에도 불구하고 태백을 일러 공부자가 세 번 천하를 사양했다고 하면서 격찬한 이유는, 혹시 태백의 그 같은 충성심을 내심으로 기렸기 때문이 아닐까. 왜냐하면 천하를 사양한 흔적이 합리적 시각으로는 포착되지 않기 때문이다. 공부자가 당신의 조국인 주왕조에 바쳤던 강렬한 애정은 머리 숙여 예찬되어도 조금도 욕됨이 없다.

9. 공부자의 실의와 불우 – 「자한子罕」

『논어』 20편의 표제는 대부분 두 자로 명명되어 있는데, 이들 제목 가운데 일반적인 문맥으로 해석할 때 납득이 잘 안 되는 것이 두 개이다. 제4편의 「이인里仁」과 제9편의 「자한子罕」편이 그것이다. 필자는 앞서 「이인」편을 서술하면서 혹시 '이里' 자가 실천한다는 의미가 아닐까 하는 문제를 제기한 바 있다. 수천 년간 선현들이 심사숙고한 풀이를 두고 감히 엉뚱한 해석을 한다는 것은 망발일 수도 있지만, 합리적으로 해석이 안 될 경우는 과감한 시도도 미상불 나쁜 것만은 아닐 것이다. 이제 『논어』 제9편 자한을 집필하면서, 이 글자가 가진 뜻을 어리석은 소견으로 살펴보니 도무지 쉽게 그 본의가 무엇인지 잡아낼 수가 없었다. 『논어』를 연구한 제가들은 모두 "공부자는 이익利益과 운명運命 및 인仁에 관해서 말씀하시는 일이 드물었다"고 풀었지만, '이利'와 '명命' 그리고 '인仁'이 동일한 자격으로 나란히 놓일 수 있는 말이 아닌데도 불구하고 왜 동등하게 나열되어 있는지 쉽게 납득이 되지 않고 있다. 명을 천명天命이라고 본다면 공부자는 '50대에 와서 천명을 알았다(五十知天命)'고 했으니, 천명의 소중함을 봐서 이익과 나란히 병렬되기는 어렵고, 공부자는 평생 동안 '인'을 추구하고 이를 강조한 지고한 덕목인 터에, 이 또한 '이익'과 어깨를 나란히 할 수 있는 것이 아니다.

「자한」편 첫머리 '자한언리여명여인子罕言利與命與仁'을 수천 년간 '공부자는 이와 명과 인을 드물게 말했다'고 번역하고 이렇게 이해해온 것을, 청淸 건륭대乾隆代에 평생을 은거하며 학문에만 열중한 초순焦循*은 이 같은 해석을 수정한 바 있다. 이당노인里堂老人 초순은 『논어보소論語補疏』에서 '이利에 대해서는 별로 말하지 않았지만, 천명이나 인과 결부시켜 말하는 사례는 더러 있었다'고 풀이한 것으로 알려져 있다. 필자는 초순의 이 같은 해석을 접한 후 비로소 「자한」편 첫머리가 가진 의미를 조금이나마 이해할 수 있었다. 이익은 천명이나 인과 접맥되었을 경우, 반드시 타기할 것은 아니라는 의미로 공부자가 말했다고 필자는 보고 싶다. 일찍이 공부자는 부자가 되기 위해 마부노릇도 할 수 있다고 말한 점을 되새겨보면 어느 정도 타당성이 발견된다. 그러나 「자한」편의 기구起句를 두고 "이利는 의義를 해치는 것이며 명命의 이치는 지극히 오묘하고, 인仁의 도道는 광대한 까닭으로 부자께서도 쉽게 말하지 못했다"고 정자程子는 근사하게 주석을 달았지만, 아무래도 옹색하다는 인상을 쉽게 떨쳐버리기는 어렵다.

「자한」편은 모두 30장으로 짜여져 있고, 바로 앞장 「태백」편이 고대의 유명한 성인들을 논했는 데 반해, 이 편장은 오로지 공부자의 면모를 집중적으로 언급하고 있다. 이 같은 내용 구성은 『논어』 편찬자들이

 * 초순(焦循) : 1763~1820 청나라 때의 학자. 자는 이당里堂 또는 이당理堂. 평생 벼슬을 하지 않고 경학經學을 전공하였으며, 수백 권의 저서가 있음.

각 편장의 배치를 함부로 한 것이 아니라, 얼마나 주도면밀하게 했는가를 느끼게 된다. 「자한」편이 공부자의 면모를 기술함에 있어서, 당신의 장점이 아니라 단점으로 볼 수도 있는 내용들을 수록했다는 점이 특히 주목된다. 앞에서도 말한 적이 있지만, 동서고금의 성현聖賢을 논술할 경우 모두가 장점만을 전적으로 기술했고 또 하고 있는 데 반해, 『논어』는 장점과 단점 그리고 강점과 약점을 모두 과감하게 수록하고 있다. 이 같은 편찬의도가 공부자를 폄하하는 자료로 사용되는 예도 간혹 있었지만, 결과적으로 피가 흐르고 숨쉬는 따뜻한 '인간' 공부자를 부각시켜 백세를 두고도 그 광휘를 잃지 않는 기틀이 되었다고 필자는 믿는다.

達巷黨人曰, "大哉, 孔子! 博學而無所成名."
子聞之, 謂門弟子曰, "吾何執, 執御乎? 執射乎? 吾執御矣?"

달항당達巷黨의 사람이 말하기를, "위대하구나 공자여! 그렇게 박학다식하면서도 어느 한 분야에 이름을 내지 않았구나" 했다.
공부자께서 이를 들으시고 제자들에게 이르셨다.
"내가 무엇을 전문으로 할까? 말 모는 일일까? 아니면 활 쏘는 일일까? 이중에서 나는 말 모는 일을 택하겠다."(「子罕」 2장)

子絶四, 毋意, 毋必, 毋固, 毋我.
공부자는 네 가지에 대해서는 끊으셨으니, 자의恣意를 근절했고, 기필期必코 한다는 마음을 배제했으며, 고집固執하는 집착을 버렸고, 사심私心을 버렸다. (「子罕」 4장)

달항의 위치가 어디인지는 모르지만, 달항 다음에 당黨*이 붙은 걸 봐서 그렇게 큰 지역 단위는 아니었다. 500가가 모인 집단부락의 모인 某人이 공부자를 두루 널리 박학다식하기는 하지만 특정 분야의 전문성이 결여되었다고 평한 것은 반드시 칭찬만은 아니다. '크도다 공자여' 하면서 극존칭인 부자夫子도 아니고 '공자孔子'라고 지칭한 것으로 봐서 다소 비아냥되는 어투가 숨겨져 있는 듯하다. 공부자 역시 달항인의 이 같은 당신의 평을 들은 후 다소 기분이 상한 듯한 어투로, 활쏘기나 말타기 등에서 하나를 굳이 선택한다면 그 중에서 말 모는 것을 배울 수 있을 것이라고 응수했다. 소위 육예六藝 같은 것은 군자는 모르겠으되 성인의 경지에 든 사람에게는 전문으로 할 것은 못 된다는 뜻이 행간에 스며 있는 듯하다.

공부자는 네 가지를 일체 단절했다는 기록에서, 이렇게 평한 그 주체가 밝혀져 있지 않다. 아마도 당시 문제자들의 공통된 인식으로 생각된다. 공정성을 상실한 방자한 뜻과 정당하지도 못한 일, 일단 발설한 이상 가부간 반드시 성취해야 한다는 억지, 융통성이 전혀 없고 완강하며 고집스러운 고루함, 사리사욕을 떠난 무아無我에서 매사를 생각하고 행동해야 함에도 불구하고 공평성을 잃은 유아有我적인 언행 등을 공부자는 일체 배제했다는 평이다. '자의恣意・기필期必・고집固執・유아有我'와 같은 4대 병폐는 서력기원전 5세기 무렵에만 한하는 것이 아니고, 2600여 년이 흘러간 지금에도 이들 병폐로 인해 국가와 사회가 혼

* 당(黨) : 중국 고대의 주거 단위로서, 오가五家를 인隣이라 했고, 오린五隣을 이里, 사리四里를 족族, 오족五族을 당黨, 오당五黨을 주州, 오주五州를 향鄕이라 했다. 그러므로 당은 500가호 정도의 부락을 칭함.

란으로 치닫게 되는 점을 볼 때, 과연 표피가 아닌 본질의 변화는 통시적으로 존재하는 것인가 하는 의문을 버릴 수 없다.

子畏於匡曰,
"文王旣沒, 文不在玆乎? 天之將喪斯文也, 後死者不得與於斯文也. 天之未喪斯文也, 匡人其如予何?"

공부자는 광匡땅에서 위험에 처하여 공포심에 젖어 있을 때 이렇게 말씀하셨다.
"문왕은 이미 별세했고 그가 남긴 학문이 나에게 남아 있지 않으냐? 하늘이 장차 사문斯文을 없애려 했다면 후세 사람이 사문을 향수하지 못했을 것이다. 하늘이 이처럼 사문을 없애려 하지 않고 있는 터에, 광땅의 사람들이 나를 어떻게 해치겠는가?"(「子罕」 5章)

大宰問於子貢曰, "夫子聖者與? 何其多能也?"
子貢曰, "固天縱之將聖, 又多能也."
子聞之曰, "大宰知我乎! 吾少也賤, 故多能鄙事. 君子多乎哉? 不多也."
牢曰, "子云, '吾不試, 故藝.'"

태재大宰가 자공子貢에게 묻기를, "부자는 성인인가? 어찌 그렇게 다방면에 능한 것이 많은가?" 했다.
자공이 말하기를, "진실로 하늘이 내려준 성인인 까닭으로 그렇게 다능한 것입니다" 하고 답했다.
공부자가 이를 들으시고 말씀하셨다.

"태재가 나를 아는구나! 내가 어렸을 적에 미천했기 때문에 비천한 일에도 능하게 되었다. 군자는 모든 분야에 걸쳐 능해야 하는가? 아니다, 다방면에 능할 필요는 없다."
이에 덧붙여 뇌牢*는, "일찍이 공부자께서 '내가 세상에 알려져 등용되지 못했기 때문에 갖가지 재주를 익혔다'고 말씀한 적이 있었다"고 했다. (「子罕」 6章)

위의 글은 공부자가 광땅에서 포악한 양호陽虎와 얼굴이 비슷했기 때문에 군사들에게 포위되어 5일간이나 억류되어 있었을 때의 기록이다. 생명의 위험조차 느껴지는 위급한 상황에서 공부자는 하늘이 문왕이 완성한 중국의 전통문화를, 문왕은 비록 죽었지만 후세 사람인 자신에게 전수하려 한 터이니, 안전할 것이라고 스스로에게 다짐하는 내용이다. 유학을 사문斯文이라고 칭하는 것은 『논어』의 이 구절과도 관계가 있다. 사문은 조선조에 와서 신성불가침이 되어 자칫 말 한마디만 잘못해도 '사문난적斯文亂賊'으로 몰려 곤욕을 치르기도 했다. 사문난적이라는 추상같은 위세는 이제 유학에서 떠나 각종 종교 영역으로 넘어간 듯하다. 자신들이 믿는 종교나 교주에게 비판적인 말 한마디만 해도 광적인 대응을 하는 요즘의 세태를 연상케 한다.

'자외어광子畏於匡'에서 '외畏'를 아무리 우아하게 해석해도 본래의 뜻인 '두렵다'로 보는 것이 타당할 것이다. 공부자가 '두려움에 젖었다'고 해석할 경우 자칫 신성모독으로 오해될 소지가 있었기 때문에 '경

* 금뇌(琴牢) : 공자의 제자. 자는 자개子開 또는 자장子張.

계했다'고 주석을 달지 않았나 한다. 성인이라고 해서 공포심이 없을 수 없고, 오히려 공포심을 느끼는 성인이 더욱 성인답다고 필자는 생각한다.

태재大宰가 자공에게 '공부자는 성인인가, 어쩌면 그렇게도 다방면에 걸쳐 능한 것이 많으냐'고 물었다. 이 문맥에서 태재가 공부자를 진실로 성인이라고 확신했다면 의문사인 '여與'자를 붙였을 이유가 없다. 앞서 달항 땅의 모인某人이 '두루 달통했지만 어느 한 분야에 전문인으로 이름을 날리지 못했다'는 공부자에 관한 비평도 참고가 된다. 태재의 질문에서 그 함의를 간파한 자공이 '하늘이 내려준 성인은 다능多能하다'고 다소 변명 비슷한 대답을 했던 사실도 유념되는 부분이다. 태재는 공부자의 '다능'을, 달항 땅의 모인은 '박학'을, 문제로 제기하여 이 같은 특성이 공부자의 장점만은 아니라는 것을 암암리에 부각시킨 듯하다.

공부자 역시 당신에게 향하는 이 같은 평가에 대해 의식을 하고 있었던 기미가 발견된다. 공부자는 태재가 자신을 어느 정도 알고 있는 듯하다고 전제한 후, 어려서 미천한 가정에서 태어나 성장했기 때문에 범속한 일들에도 능함이 많았다고 했다. 그러나 군자는 모름지기 모든 일에 두루 능할 이유는 없고, 또 그래서도 안 된다고 했다. 자공은 스승 공부자의 '다능'에 대해서 공부자가 명문거족名門巨族의 후예가 아닌 까닭으로 젊었을 때 출세를 할 수 없었고, 따라서 온갖 재주를 익혀서 세인에게 인정받아 신분 향상을 하고자 했다는 공부자의 말씀을 첨가하여 변호한 것이다.

타고난 신분의 굴레는 예나 지금이나 쉽게 벗어날 수 없다. 소위 혁명가들의 거의 전부가 미천한 신분의 출신이거나 아니면 설사 신분이 높다고 해도 인정받지 못한 인물들이었다는 사실이 이를 증명한다. 기원전 5세기 무렵 공부자는 상류층이 아니었을 뿐 아니라, 당대에는 오늘날 우리가 생각하는 만큼 높이 평가되었거나 인정받지 못했음을 『논어』를 통하여 느낄 수가 있다. 그러므로 기원전 5세기 무렵의 공부자는 아마 혁명가의 인상도 풍겼을 것으로 생각된다. 삼대三代를 긍정하고 주왕조를 높였다고 해서 공부자를 복고주의자로 보는 것은 잘못이다. 공부자 역시 과거의 유산 중에서 잘못된 것은 과감하게 혁파한 실례가 『논어』 각 편장에서 상당수 확인된다.

子曰, "鳳鳥不至, 河不出圖, 吾已矣夫."

공부자께서는, "봉황도 오지 않고 황하에 하도河圖도 나타나지 않고 있으니, 나는 이미 끝났구나" 하고 탄식하셨다.(「子罕」8章)

子疾病, 子路使門人爲臣. 病間曰, "久矣哉! 由之行詐也. 無臣而爲有臣, 吾誰欺? 欺天乎! 且予與其死於臣之手也, 無寧死於二三子之手乎? 且予縱不得大葬, 予死於道路乎?"

공부자가 병이 심해지자, 자로子路가 문인을 가신家臣으로 삼았다. 병이 차도가 있어서 이를 안 공부자께서는, "오래되었구나! 유由가 거짓을 행함이. 나는 가신이 없는데 가신을 두었으니 내가 누구를 속였는가? 하늘을 속였구나! 또 내가 가신의 손에 죽기보다는, 자네들 손에 죽는 것이 낫지 않겠는가. 그리고 내가 비록 성대한 장례를 치르지 못할지는 모르지만, 설마 길거리에서 객사야 하겠는가?" 하고 질책하셨다. (「子罕」11章)

子貢曰, "有美玉於斯, 韞匵而藏諸? 求善賈而沽諸?"
子曰, "沽之哉, 沽之哉. 我待賈者也."

자공이 물었다.
"여기 아름다운 옥이 있다면 이것을 궤 속에 넣어 감춰두겠습니까? 아니면 좋은 값을 받고 파시겠습니까?"
공부자께서 대답하셨다.
"팔아야지 암 팔고말고. 그러나 나는 제값 받기를 기다리는 사람이다."
(「子罕」 12章)

子欲居九夷, 或曰, "陋, 如之何?"
子曰, "君子居之, 何陋之有."

공부자께서 구이九夷에 살고 싶다고 했는데, 혹자가, "구이는 누추한 곳인데 어찌하겠습니까?" 하고 물었다.
공부자께서는, "군자가 거주한다면 어찌 누추한 곳이겠느냐" 하고 대답하셨다. (「子罕」 13章)

공부자는 사실 실의에 찬 생활을 하다가 삶을 마쳤다. 웅대한 경국제민經國濟民의 의지는 끝내 실현되지 못했다. 조국 노나라에서 지닌 바의 능력을 발휘하지 못하자, 천하의 여러 나라를 유랑하며 그 높은 뜻을 펴고자 했으나, 결국 당신을 알아주는 정치가는 없었다. 이 같은 참담한 심정에서, 봉황도 오지 않고 하도河圖도 나타나지 않았으니 나의 삶은 이미 끝나고 말았다고 개탄한 것이다. "오이의부吾已矣夫"라는 독백은 위대한 성현이 끝내 웅지를 펴지 못한 불운을 토로한 안타까운

절규이다. 봉鳳은 순임금 때 나타나 춤췄고, 문왕 때는 기산岐山에 날아와 울었으며, 하도는 복희伏羲 시대에 나온 것으로, 성왕聖王들의 상서祥瑞로 알려져 있다. 순임금이나 문왕 같은 왕이 출현할 조짐이 전무하니, 공부자 당신의 높은 경륜도 역시 오유烏有로 돌아가고 말았다는 비통한 탄식이다.

공부자의 말로는 매우 불운했다. 공부자 자신이 길거리에서 죽기야 하겠느냐, 하는 말을 제자들에게까지 할 정도로 처연했던 것이다. 공부자를 열렬히 사랑했던 자로가 견디다 못해 제자들을 가신으로 만들어 장례나마 격식을 갖추어 치러주려고 했는데, 이 사실을 안 공부자는 이는 하늘을 속이는 것으로 용납될 수 없다고 격노했다. 공부자는 또 가신들이 지켜보는 가운데 임종을 하기보다는, 제자들이 둘러보는 가운데 삶을 마치는 것이 훨씬 행복하다고 했다. 사실 공부자는 당신이 생존해 계셨을 때 '동가구東家丘'라는 말을 듣기도 했다. 즉 '동쪽 집에 사는 공구孔丘'라는 뜻으로 평범한 인물에 불과하다는 뜻을 담은 용어이다. 존귀한 이의 이름은 함부로 부르거나 쓰지 않는 것이 통례인 점을 감안할 때, 참람僭濫이 극에 이른 실례이다. 어느 시대를 막론하고 시대를 뛰어넘는 불세출의 성인은, 당대에는 다소 인정을 받지 못하는 경우가 많았던 것은 역사가 이를 증명한다.

자공이 공부자에게 아름다운 옥이 있다면 상자 속에 감춰두는 것이 좋으냐, 아니면 제값을 쳐주는 상인을 만나 파는 것이 좋으냐를 물었는데, 공부자는 서슴없이 정당한 값을 준다면 팔아야 한다고 단언했다. 공부자는 스스로 순임금이나 문왕 같은 지도자에게 발탁되어 평생 동안 공부하여 온축한 경륜을 마음껏 펼치고자 했던 현실적인 성인이었다. 공부자의 이 같은 견해는 동아시아 역대 지식인들이 조정에 진출하여 사환仕宦코자 하는 풍조를 만연케 하는 근저가 되었다. 그러므로 유가에서는 은둔을 배척하고 선가자善賈者가 나타날 때까지 은거하는 것이 지식인의 정도라고 인정되었던 것이다.

공부자가 중원에서 끝내 득의하지 못하고 실의에 찬 생활을 하다가 삶을 마감한 역정에 대한 감회가 바로 중원을 떠나 구이에서 살겠다는 극단적인 언설로 나타났다. 구이는 누추한 곳인데 어찌 그곳에서 사시겠냐고 묻자, 군자가 살면 누추한 곳이 아니라는 말로 응수했다. 공부자의 신분이 미천했다는 것과 구이에 살고 싶다는 이 말들이 혹시 당신이 동이의 후예라는 의심을 불러일으킨 단서로 작용했을 법도 하다.

10. 공부자의 일상생활 - 「향당鄕黨」

『논어』는 전부 20편으로 구성되어 있는데, 「향당鄕黨」편까지를 전前 10편이라 칭한다. 「향당」편은 본래 분절되지 않은 채 한 장으로 되어 있었다. 송대의 주자가 17절로 나눈 이후부터 우리나라에서는 이를 그대로 따랐다. 청대의 유보남劉寶楠(1791~1855)은 황간皇侃(448~545)과 형병邢昺(932~1010)의 설을 좇아 25절로 가르기도 했고, 양백준楊伯峻은 27절로 분류하기도 했다.

공부자의 문도들이 스승인 공부자의 일상생활에 관해서, 스승을 미화시키겠다는 의도 없이 있는 그대로의 실상을 기록한 것은 높이 평가될 만하다. 미추를 불문하고 함께 수록하여 후세에 남긴다는 동양권의 건전한 사유가 새삼 확인되는 대목이다. 「향당」편은 공부자의 용색容色과 말씀, 그리고 일거일동—擧一動을 가감 없이 묘사했기 때문에, 후세의 독자들이 이 글을 읽으면 살아 계시는 공부자의 모습을 눈앞에 대하는 듯한 착각에 사로잡힐 만큼 구체적으로 논술했다.

「향당」편은 대체로 다섯 개의 단락으로 구분할 수 있다. 첫째는 가정과 마을에서의 공부자의 모습이고, 둘째 단락은 조정에서 군주를 섬기고 사무를 처리하며 빈객을 접대하는 일들을 기록했으며, 셋째 단락은 제사 의식을 거행할 때의 제반 절차에 관해서 언급했고, 넷째 단락은 친구의 사귐과 교우간에 지켜야 할 도리를 말했고, 다섯째 단락은 공부자의 옷차림과 기호하는 먹을거리 및 일상의 습관들에 관해서 기록했다.

　성인의 도는 일상생활을 벗어나지 않는다는 대명제를 이 편장에서 확실하게 접하게 된다. 유가가 추구하는 궁극적인 목표는 현실, 즉 일상생활이다. 도가가 현실에 존재하지 않는 '무릉도원武陵桃源'을 추구하고, 불가가 피안인 내세의 극락세계를 흠모하는 것과는 본질적인 차이가 있다. 필자는 여기서 '유·불·도'의 우열을 논란할 의도는 없고, 다만 유가가 추구하는 현실세계가 다른 것보다는 의미가 있을 수 있다는 인식을 피력할 따름이다.

　『논어』가 시대가 흘러갈수록 그 광휘를 발하고, 읽으면 읽을수록 묘미가 배가되는 이유는, 바로 과거·현재·미래를 막론하고 인류가 발을 딛고 살아가는 대지와 호흡하는 공기와 우러러보는 하늘과 구름, 그리고 산천초목과 일상 및 일용하는 현실적인 사물에 관해서 말하고 있기 때문이다. 『논어』에서 우리는 성충권에 있는 성인의 모습을 접하는 것이 아니라 이웃집에 살고 있는 인자한 할아버지나 아저씨, 또는 형님의 모습을 접할 수 있다. 일상에서 벗어나 있는 성인은 시대의 흐름에 따라 평가절하되거나 망각될 수도 있지만, 앞서 지적한 대로 땅에 발을 딛고 신선한 공기를 마시며 산천초목 사이를 거닐었던 공부자만은 만세의 성인으로 남을 것임을 필자는 확신한다.

孔子於鄕黨, 恂恂如也, 似不能言者, 其在宗廟朝廷, 便便言也, 唯謹爾.

공부자가 향당(마을)에 계실 때는 공손하고 신실하여 마치 말할 줄 모르는 것 같았으며, 종묘와 조정에 계실 때는 말씀을 잘 하셨지만 신중하고 삼갔다. (「鄕黨」1節)*

朝, 與下大夫言, 侃侃如也, 與上大夫言, 誾誾如也, 君在, 踧踖如也, 與與如也.

조정에서 하대부와 말씀할 때는 강직하게 했으며, 상대부와 말씀할 때에는 공평하고 중정中正을 지켰고, 임금이 계실 경우에는 조심하고 경건하면서도 의연했다. (「鄕黨」2節)

공부자는 가정이나 마을에서는 결코 뽐내거나 잘난척하지 않았는데, 그 정도가 마치 말을 못하는 사람처럼 보일 정도였다. 그러나 종묘나 조정에서는 가진 바의 예악적禮樂的 식견과 경륜적 지식을 달변으로 개진하여 일 처리에 차질이 없게 하면서도 겸손하고 삼가는 태도를 항상 버리지 않았다. 권력이나 부를 잡았거나 축적했다고 해서 고향에 돌아가 안하무인격으로 방자하게 행동하는 무리들이 들끓는 요즘의 세태에 경종이 되는 편장이다.

실무를 맡아보는 하급관리와 대화를 나눌 때 엄격하게 하여 참람됨

* 『논어집주』에는 「향당」편을 두고, "옛 학설에는 1장으로 했는데, 지금 17절로 나눈다(舊說凡一章, 今分爲十七節)"고 하였는데, 이 설을 좇아 「향당」편의 '편장' 표기를 장章이 아닌 절節로 하였음.

을 막았고, 고위직과 담론할 경우에는 공평무사하고 중정中正의 금도를 지킨 것은 공적인 사안을 처리하기 위해 그 같은 자세가 필요했기 때문이다. 실무를 관장하는 관료가 하달된 사안을 처리하기 위해서는 엄정한 위계질서가 있어야 하는 것은 예나 지금이나 변함이 없다. 임금과 함께 있을 때, 공부자는 경건한 태도를 취하여 군왕의 위엄을 십분 살려주고 자존심을 최대한 충족시켜 주었다. 군왕의 마음을 거슬렀을 경우 성취되는 일이 없는 것은 고금의 통례이다.

산더미처럼 남아 있는 상소문이나 기타 제왕들에 관한 기록을 접하면, 필수적으로 등장하는 것이 군심君心을 바르게 해야만 모든 일이 성취된다는 내용이다. 필자는 이 같은 기록에 대해서 처음에는 진부하다고 백안시했지만, 지금 와서 생각하면 최고 통치자의 마음이 무엇보다 중요함을 새삼 깨닫게 되었다. 그러므로 동서고금을 막론하고 최고 통치자(제왕帝王)의 마음을 바로잡는 것이 급선무가 아닐 수 없다. 고려조나 조선조가 제왕이나 태자 또는 세자의 교육을 그처럼 중시한 이유가 결코 헛된 것이 아니었음을 통감한다. 우리나라 과거의 역대 왕조들에서 이같이 행해지던 최고 통치자나 다음에 계승할 최고 통치자에 대한 교육제도를 오늘날에도 다시 되살려 도덕과 경륜 및 역사의식을 지닌 지도자로 교육시킬 필요가 있다고 주장하고 싶다.

　　君子, 不以紺緅飾, 紅紫, 不以爲褻服.
　　當暑袗絺綌, 必表而出之.
　　緇衣羔裘, 素衣麑裘, 黃衣狐裘.
　　褻裘長, 短右袂.

必有寢衣, 長一身有半.

狐貉之厚, 以居, 去喪, 無所不佩.

非帷裳, 必殺之, 羔裘玄冠, 不以弔, 吉月, 必朝服而朝.

　공부자는 곤색과 홍색으로 옷깃을 달지 않았고, 붉은 빛이나 자주색으로 평상복을 만들어 입지 않았다.
더위를 만나면 굵고 가는 갈포로 만든 홑옷을 걸치고 외출했다.
검은 옷에는 염소가죽 갖옷을 입고, 흰옷에는 사슴가죽 갖옷을 착용하고, 누런 옷에는 여우가죽 갖옷을 입었다.
평상복은 길게 하되 오른쪽 소매를 짧게 했다.
반드시 잠옷이 있었고, 그 길이는 한 길 반이나 되었다.
여우와 담비의 두터운 가죽을 깔고 거처했으며, 탈상한 뒤에는 갖가지 패물을 찼다.
예복이나 제례복의 바지가 아니면 약식으로 만들어 입었고, 염소가죽 옷이나 검은 비단 관을 쓰고 조문하지 않았고, 매월 초하루에는 조복을 입고 조회에 임했다.(「鄕黨」 6節)

　위의 글을 통하여 공부자가 복장에 관심을 기울인 멋을 부릴 줄 아는 성인이었음을 느끼게 된다. 여우·양·사슴·염소·담비 등의 가죽옷이 당대의 보편적 복장이었던 것 같지만, 공부자는 특히 이들 가죽옷을 좋아했던 것 같다. 일반적으로 성인들은 복장에 관심이 없었다고 느껴지는 데 반해, 공부자는 잠옷을 위시해서 평상복과 공식적인 옷차림에도 일정한 법식이 있었고, 용의주도하게 이들 의류를 선별하여 착용했다. 물론 이들 모피 복색들이 일반 백성들도 입었는지는 미심한 바가 있지만, 노나라가 북방과 가까운 만큼 모피류가 희귀했다고 생각되지는 않는다. 문상을 갈 때에는 패물을 차지 않았으나, 평상시에는 갖가지 패물을 즐겨 착용하고 있었음을 확인할 수 있다. 요컨대 우리는 이 기록에서 공부자가 복색에 관심을 기울이는 멋쟁이 성인이었음을 알 수가 있고, 특수한 경우 이외에는 간략한 복장을 착용한 실용적인 분이었음도 짐작할 수가 있다. 아울러 이처럼 상세하게 공부자의 옷차림에 대해서 기록을 남긴 문도들에게도 감사를 표하고 싶다.

食不厭精, 膾不厭細.
食饐而餲, 魚餒而肉敗不食, 色惡不食, 臭惡不食, 失飪不食, 不時不食.
割不正不食, 不得其醬不食.
肉雖多, 不使勝食氣, 唯酒無量, 不及亂.
沽酒市脯不食.
不撤薑食, 不多食.
祭於公, 不宿肉, 祭肉不出三日, 出三日, 不食之矣.
食不語, 寢不言.
雖疏食菜羹, 瓜祭, 必齊如也.

밥은 정한 것을 싫어하지 않았고, 회는 가늘게 썬 것을 싫어하지 않았다. 상한 밥과 부패한 생선은 드시지 않았고, 빛깔이 나쁘거나 냄새가 좋지 않은 것도 드시지 않았고, 덜 익은 음식도 드시지 않았으며, 제철 음식이 아닌 것도 드시지 않았다.
반듯하게 잘라지지 않은 음식과 간이 맞지 않은 음식도 드시지 않았다.
고기가 많아도 곡기穀氣를 넘지 않게 했으며, 주량은 많았지만 적정한

양을 넘지 않았다.
시장에서 산 술과 육포는 드시지 않았다.
생강은 물리치지 않았지만 과하게 드시지 않았다.
나라 제사에 사용한 고기는 하루를 넘기지 않았고, 집 제사에 쓴 고기는 삼 일을 넘기지 않았으며, 삼 일이 지나면 드시지 않았다.
식사할 때는 말씀하지 않았고, 주무실 때도 말하지 않으셨다.
비록 거친 밥과 나물국이라도 반드시 과제瓜祭를 올리면서 공경해 마지 않았다. (「鄕黨」8節)

공부자는 의복에 관해서도 단정하게 멋을 부려 높은 품위를 유지했을 뿐 아니라, 음식에 있어서도 함부로 아무거나 드시지 않았던 미식가였다. 잘 도정된 쌀밥과 잘게 썬 육회를 즐겨했고, 맛이 변한 밥과 생선을 드시지 않은 것은 물론이고, 음식의 색깔이 나쁘거나 냄새가 좋지 않아도 드시지 않았다. 시중에 파는 술이나 육포는 불량 음식일 가능성이 많다. 그러므로 공부자는 마시지도 드시지도 않았다.

이 기록에서 공부자는 술을 좋아한 호주가였지만, 그러나 술로 인한 실수는 전혀 없었음을 알 수 있다. 제철에 나는 음식물이 아니면 드시지 않았고, 칼질이 잘못된 것도 사절했다. 육식을 즐겨했지만 곡물 섭취보다 과다하게 하지 않았고, 오래되어 상한 음식은 아예 버릴 정도로 위생 관념이 철저했다. 그런데 식사중에는 일체 말하지 않았다고 한 사실을 제외하고는 요즘의 식생활에 그대로 적용해도 추호의 손색이 없다.

비록 하잘것없는 음식이라도 반드시 감사하는 마음으로 드셨다는 데서 공부자의 경건한 생활태도를 접하게 된다. 근래 식사를 할 때 아무렇게나 엉뚱한 데다 감사를 남발하는 세태와도 대비된다. 윗글의 말미 '과제瓜祭'에서 '과瓜'는 '필必'로 교정됨이 마땅하다고 『노론魯論』을 근거로 하여 모두들 말하고 있지만, 고대에 식사하기 직전에 '과제瓜祭'라고 칭한 간략한 제사 의식이 있었다고 볼 수는 없는지 모르겠다. 왜냐하면 '必'자가 한 글자 건너 다시 나타나는 것이 아무래도 석연치 않기 때문이다.

「향당」편은 공부자의 사소한 일상생활의 면모에 관해서 어쩌면 심하다고 할 정도로 세세한 것까지도 문도들이 기술했는데, 이렇게 한 이유가 무엇인지 궁금하다. 그러나 우리는 이 편장을 통하여 가장 인간적인 공부자의 모습을 다시 한번 접하게 되는 행운을 얻은 것이다.

11. 공부자가 사랑하고 미워한 사람들 - 「선진先進」

「선진先進」편은 문인들에 대한 공부자의 냉정한 포폄褒貶이 주축을 이루고 있다. 공부자가 인자하기만 한 인물이 아니라, 제자들의 장단점을 예리하게 파악하고, 이에 대한 질책과 칭찬을 겸했던, 진실로 선한 사람을 사랑하고 악한 사람을 미워할 줄 아는 성인이었음을 여기에서도 확인할 수 있다.

「선진」편의 단락 구성을 두고 세 가지 설이 있는데, 26장과 24장 그리고 25장 등의 분절이 그것이다. 한국에서는 주자의 설을 따라 25장으로 나누는 것이 통례이지만, 청의 유보남劉寶楠은 24장으로, 근대 양백준楊伯峻은 26장으로 나누어서 주자의 견해에 대해서 이설을 제기한 바 있다.

이를 다시 주제별로 미세하게 나눈다면, 네 부분으로 짜여 있다는 사실에는 변함이 없다. 첫째는 문도들의 재능과 민자건閔子騫*의 효행,

* 민자건(閔子騫) : B.C. 536~B.C. 487 공자의 제자. 이름은 손損, 자는 자건. 공자는 그를 효자라고 칭찬하였으며, 공자의 제자들 가운데 덕행으로 안회와 병칭됨.

안회顏回의 호학好學과 안빈낙도安貧樂道, 남용南容의 신중성, 자로子路의 군사적 능력과 학문의 조야성粗野性, 염유冉有*의 정치적 역량, 공서적公西赤*의 외교술, 증점曾點*의 욕기기상浴沂氣像과 물외의지物外意志 등을 논하면서 제자들의 장점을 주로 언급했다. 둘째는 제자들의 결점을 지적하며 교정하고자 하는 뜻을 밝혔다. 셋째는 안회의 죽음에 대한 통한의 심정을 토로했다. 넷째는 염유가 당시의 무도한 패자霸者인 계씨季氏를 도와 그의 악을 비호해준 사안을 두고 선을 권장하고 악을 증오해야 하는 결연성에 대해 말했다.

「선진」편은 선배와 후배의 예악인식禮樂認識과 이에 대한 공부자의 견해를 밝히는 것으로 시작했다. 예악은 공부자 시대에 있어서 정치사상이며 종교였고 법이기도 했을 뿐 아니라, 예술 분야까지 포괄한 국가 사회 및 가정의 기반이 되는 이념이었다. 예악을 효시로 하여 「선진」편이 시작된 것은, 이후 전개되는 내용들이 정치·사회·가정 등의 제반 문제에 근간이 되는 예악의 구체적 사안들을 이야기한 것과 관계 있다.

子曰, "先進於禮樂, 野人也, 後進於禮樂, 君子也. 如用之則吾從先進."

공부자께서 말씀하셨다.

* 염유(冉有) : B.C. 522~B.C. 489 공자의 제자. 이름은 구求, 자는 자유子有. 공자는 그의 정치적 재능을 인정하기는 하였으나, 그가 계씨의 가신이 된 뒤 가렴주구를 돕는 것에 대해 대단히 노했음.
* 공서적(公西赤) : B.C. 509~? 공자의 제자. 자는 자화子華.
* 증점(曾點) : B.C. 546~? 공자의 제자. 자는 자는 석晳. 『사기』에는 點이 蒧으로 되어 있음.

"선배들이 예악에 관한 한 소박한 야인과 같았다면, 후배들은 예악에 관해서는 세련된 군자와 같다고 한다. 만일 이들 중에서 선택한다면 나는 선배들의 것을 좇겠다."(「先進」 1章)

子曰, "從我於陳蔡者, 皆不及門也. 德行 : 顔淵 · 閔子騫 · 冉伯牛 · 仲弓, 言語 : 宰我 · 子貢, 政事 : 冉有 季路, 文學 : 子游 · 子夏."

공부자께서 말씀하셨다.
"나와 함께 진陳나라와 채蔡나라에서 고생했던 제자들은 아무도 없구나. 그들 중에서 덕행德行으로는 안연 · 민자건 · 염백우* · 중궁, 언어言語에는 재아와 자공이고, 정사政事에는 염유와 계로이며, 문학文學에는 자유*와 자하를 들 수가 있다."*(「先進」 2章)

子曰, "回也, 非助我者也. 於吾言, 無所不說."

공부자께서 말씀하셨다.
"안연은 나에게 도움을 주지 못한다. 내가 하는 말에 기뻐하여 심복하지 않은 것이 없기 때문이다."(「先進」 3章)

선진先進과 후진後進에 대해서 여러 가지 설이 있지만, '선진'은 고인

* 염백우(冉伯牛) : B.C. 544~? 공자의 제자. 이름은 경耕. 백우는 자.
* 자유(子游) : B.C. 506~? 공자의 제자. 이름은 언언言偃. 자유는 자.
* 덕행 · 언어 · 정사 · 문학을 '공문사과孔門四科'라 하고, 안연 · 민자건 · 염백우 · 중궁 · 재아 · 자공 · 염유 · 계로 · 자유 · 자하를 '공문십철孔門十哲'이라 함.

이고 후진은 금인으로 보고 싶다. 따라서 '전통적인 예악을 따르는 사람은 야인野人이고, 변질된 예악을 좇는 이는 군자들이다' 하고 해석된다. 야인을 평민이나 재야사인在野士人으로 보고, 군자를 향대부鄕大夫의 자제로서 벼슬하는 사인으로 풀이하는 사람도 있다. 여하간에 공부자가 시대에 따라 변모된 예악이 아닌 옛적부터 있어왔던 정통예악正統禮樂을 존숭했다는 것은 확실하다. 필자가 야인의 해석에 대해서 유의하고 싶은 바는, 야인의 정의를 평민과 재야의 지식인을 함께 지칭한 것으로 인식코자 하는 점이다.

민족의 전통은 우리나라의 경우 통시적으로 거의가 지식인이 아닌 기층의 평민들에 의해 전승되었다는 사실에 주목하기 때문이다. 지금도 설날이나 추석 등 민족 전래의 명절은 일반 백성들이 더 많이 지키고 전승하고 있다. 소위 군자에 해당되는 고상하고 현대적인 지식인들은 설날이나 추석을 봉건적인 잔재로 인식하고, 고향이나 성묘를 가는 것이 아니라 해외나 국내외 명승지에 있는 호텔을 예약한 후 가족들을 데리고 그곳으로 달려가는 현실도 참작이 될 것이다. 인도가 삼백여 년간 영국의 식민통치를 받았는데도 불구하고 마침내 독립을 달성한 것은, 간디 등의 위대한 지도자의 덕이기도 하지만, 한편으로는 인도 백성들이 영국식 교육을 많이 받지 않았기 때문이었다는 해석에 필자는 동의한다. 우리나라의 경우 역대로 지식인들이 우리 기층의 전통을 무시 또는 말살했던 것은 엄연한 현실이었고 지금도 계속되고 있다. 공부자가 평민이나 재야의 사인들이 향유하고 있었던 예악을 준수하겠다고 단언한 배경은 이 같은 정황과도 관계가 있을 법하다.

진나라와 채나라 사이에서 생명의 위협을 느꼈고, 때로는 양식까지 떨어졌던 참담한 그날의 암울한 때를 회상하며, 당시 함께했던 제자들이 그의 주변에서 모두 떠나고 없는 사실을 공부자가 탄식한 이유는 무엇일까. 공부자의 그때 문도들이 출세를 하여 스승 곁을 떠난 것인지, 아니면 공부자의 권위가 그만큼 약화되었기 때문에 멀어져간 것인지, 우리는 정확히 알 수 없다.

위험과 고통을 함께했던 제자들이 모두 떠나서 당신 주변에 없는 점을 쓸쓸하게 여긴 공부자가 그 무렵 쟁쟁하고 촉망되는 제자를 회상하며 '덕행·언어·정사·문학' 등 소위 공문사과孔門四科에 그들을 배속하여 외로움을 달래었던 것이 아닐까? 이른바 공문사과 중에서 덕행을 최우선으로 하고 다음이 언어인 점도 주목되고, 언론 다음에 정치를 배열하고, 맨 후미에 문학을 놓은 것은 무엇 때문일까? 문학은 오늘날 협의의 문학이 아니고 학문 전반을 포용하는 것이기는 하지만, '시詩·부賦' 등의 문예작품이 중요한 몫을 차지하고 있기도 하다. 조선조 사인들이 시는 여사餘事라고 한 이유도 이와 관련이 있는 듯하다.

공부자가 가장 사랑했고 당신 학문의 후계자로 삼았던 안연을 평하여 나를 도와주는 제자가 아니라고 한 까닭은 무엇일까? 후세 학자들이 공부자의 뜻을 안자顔子가 너무나 정확하게 이해했고 또한 승복했기 때문에 결과적으로 교학상장敎學相長이 되지 못했다는 이유로 인해 공부자가 그렇게 말한 것으로 해석했다. 그러나 인간 본연의 정감을 기저로 하여 볼 때, 사람은 자신의 의중을 지나치게 정확히 꿰뚫어보는 사람에게 희열과 더불어 경계심과 불쾌감을 느낄 때도 없잖아 있다. 『논어』 전편을 통하여 공부자가 안자를 평한 내용들에서도 이 같은 애증의 기미가 간혹 발견된다. 그 한 예로서 안자가 사망했을 때 장례 문제를 두고 공부자가 '예'를 언급하면서 후한 장례를 거부한 사실도 참작이 된다. 이 같은 사정은 비단 안자에 국한되는 것이 아니고, 휘하의 모든 제자들에게도 광범위하게 애증이 교차하는 현상을 읽을 수 있다.

顔淵死, 顔路請子之車以爲之槨.
子曰, "才不才, 亦各言其子也. 鯉也死, 有棺而無槨. 吾不徒行以爲之槨, 以吾從大夫之後, 不可徒行也."

안연이 죽자 안로*가 공부자의 수레로 곽을 마련하자고 청했다.
공부자께서 말씀하셨다.
"재주가 있고 없고 간에 자식에 대한 정은 동일하다. 내 아들 리鯉가 죽었을 때도 관만 있었고 곽을 마련치 못했다. 따라서 걸어다니면서 수레를 팔아 곽을 해주지 못하는 것은, 내가 대부大夫의 반열에 있기 때문에 걸어다닐 수 없어서이다." (「先進」 7章)

顔淵死, 子曰, "噫! 天喪子, 天喪子."

안연이 죽자 공부자께서는, "아! 하늘이 나를 망쳤다, 하늘이 나를 망쳤다" 하고 탄식하셨다. (「先進」 8章)

顔淵死, 子哭之慟, 從者曰, "子慟矣."
曰, "有慟乎? 非夫人之爲慟, 而誰爲?"

* 안로(顔路) : B.C. 545~? 공자의 제자. 이름은 무요無繇(『공자가어』에는 유由로 됨). 로路는 자. 안회의 아버지.

안연이 죽자 공부자께서 곡하시기를 지극히 애통하게 하니 종자가, "선생님은 지나치게 애통해 하십니다" 하였다.
공부자께서 말씀하셨다. "내가 과도하게 슬퍼했는가? 하지만 안연을 위해 애통해 하지 않으면 누구를 애통해 하겠는가?" (「先進」 9章)

顔淵死, 門人欲厚葬之, 子曰, "不可."
門人厚葬之, 子曰, "回也, 視予猶父也, 予不得視猶子也. 非我也, 夫二三子也."

안연이 죽자 문인들이 후하게 장사지내려고 하니 공부자는 "옳지 않다" 하셨다.
그런데도 문인들은 후하게 장례를 치르니, 이에 대해 공부자께서는 이렇게 말씀하셨다.
"회는 나를 아버지처럼 여겼지만, 나는 그를 자식처럼 생각하지 않았다. 그 이유는 나에게 있는 것이 아니라 자네들에게 있다." (「先進」 10章)

공부자는 3,000여 명의 제자를 두었는데, 그 중에서 육예六藝에 통달한 문도만도 72명이 되었고, 특히 공문사과의 십철十哲이 유명하다. 이와 같이 수많은 제자들에게 공부자는 이들의 눈치를 보지 않고 애증의 표시를 기탄 없이 했다. 그것은 장단점을 날카롭게 지적하여 올바른 길로 나아가게 하기 위한 참스승의 정도이기도 했다.

제자들에게 환심을 사서 어쭙잖은 친애감親愛感을 얻기를 공부자는 바라지 않았다. 공부자가 가장 사랑했던 제자였던 안연에 대해서도, 사랑하고 미워함을 솔직히 털어놓을 정도였다. 수레를 팔아 곽을 마련할 수 없다는 냉정한 결정을 하면서, 내 자식인 리鯉의 죽음에도 곽을 마련해주지 못했다는 말씀에서 우리는 평범한 한 아버지의 따뜻한 정감을 느낄 수 있다. 잘났던 못났던 자식에 대한 애정은 마찬가지라는 공부자의 말씀도 감동적이다. 안연의 죽음 앞에 이성을 잃을 정도로 애통해 했던 공부자였지만, 당신이 타고 다니던 수레 팔기를 거절하는 냉정함도 있었다.

아마도 당시 공부자의 문인들은 스승의 이 같은 다소 인색한 태도에 대해서 불만이었던 것 같다. 왜냐하면 공부자의 지시를 어기고 문도들이 안회의 장례식을 후하게 해주었다는 사실이 이를 증명한다. 문인들이 스승의 이 같은 뜻을 거역한 것도 주목된다. 안연에 대한 공부자의 애증의 갈등은, "안연은 나를 친아버지처럼 생각했지만, 나는 그를 아들로 생각하지 않았다" 하는 허심탄회한 고백에서 확인된다. 공부자 스스로 안연을 그렇게 대한 것은, 당신 때문이 아니라 '이삼자二三者(제자)' 들 때문이라고 변명을 했지만, 납득이 잘 안 가는 것도 사실이다. 후세 『논어』 주석가들이 아무리 절묘한 언설로 합리화해 봤자, 공부자가 안회를 친자식처럼 인식하지 않았다는 것은 부인하기 어렵다.

공부자는 당신 생전에 사랑하는 아들과 가장 아꼈던 제자를 앞세우는 불행을 겪었지만, 감정에 휩쓸리지 않고 하고 싶은 말을 기탄없이 토로했다. 만년에 이르러서 제자들도 곁을 떠나기 시작했고, 안연 장례의 경우처럼 뜻을 거역하는 일도 간혹 있었을 것으로 생각된다. 공부자가 광匡땅에서 곤욕을 치렀을 때, 안연이 뒤늦게 도착한 사실을 두고 "네가 죽은 줄 알았다"(『先進』 22章)고 한 말도 지금까지의 여러 해석과 달리 위기를 함께하지 않았다는 섭섭함에 대한 표현으로 볼 수는 없는지 모르겠다.

季氏富於周公, 而求也, 爲之聚斂而附益之.
子曰, "非吾徒也, 小子, 鳴鼓而攻之可也."

계씨가 주공周公*보다 부유했음에도 불구하고 염유가 그를 위해 세금을 많이 거두어 재산을 더욱 늘려주었다.
그러자 공부자께서 말씀하셨다.
"구求는 우리 무리가 아니다. 소자小子들아! 북을 쳐서 죄를 응징하는 것이 마땅하다." (「先進」 16章)

염유는 공문십철 가운데 정사政事 부문에 포함된 유명한 제자이다. 이처럼 비중 있는 염유가 당시 무도한 실력자인 계씨季氏의 부를 더욱 늘려준 사실을 알고, 그를 문하에서 파문시킴은 물론이고, 무리를 지어 공격해야 한다고 서릿발같은 결정을 내리기도 했다. 악을 용서하는 것은 선이 아니며, 악을 증오하는 것이 바로 선이라는 공부자의 단호한 의지를 접할 수 있는 기록이다. 북을 울려 공격하고 싶고, 또 반드시 공격해야 할 사람이 너무나 많기 때문에 공부자의 말씀처럼 북을 울리는 사람이 절실하게 요구되는 그러한 시대에 우리는 지금 살고 있다.

* 노魯나라는 주 왕실에서 주공周公의 큰아들 백금伯禽에게 봉한 나라이므로, 여기서 '주공'이라 한 것은 주공의 후손인 '노나라의 임금'이란 뜻임.

12. 정론政論과 현실의 괴리 - 「안연顏淵」

정치는 '인仁'을 기반으로 해야 한다고 공부자는 확언했다. 이 편장의 제목이 '안연顏淵'인 것은 단순히 첫머리에 안연이라는 글자가 나왔기 때문만은 아니고, 안연이 '인'을 공부자에게 질문한 것과 관련이 있다. 후세『논어』의 편찬자들이 '정치는 반드시 인과 결부되어야 한다'는 스승의 뜻을 간파했던 까닭으로, 이 편장의 제목을 '안연'이라고 했던 것 같다. 인에 대한 설명을 편장 벽두에 개진한 다음에 정치를 논한 공부자의 뜻도 훌륭하고, 이 같은 논리를 밑에다 깔고 정치 문제를 설명하고자 했던『논어』제12「안연」편의 구성도 절묘하다.

「안연」편은 모두 24장으로 구성되어 있고, 대체로『논어』의 매 편장마다 총설에 준하는 글들이 있는 데 반해, 여기에는 그 같은 설명이 없다. 「안연」편 24장은, 공부자가 직접 논술한 부분이 4장이고, 제후나 대부·제자 등의 물음에 답변한 것이 16장이며, 자하子夏가 사마우司馬牛*에

* 사마우(司馬牛) : 공자의 제자. 이름은 경耕. 자는 자우子牛. 말이 많고 성격이 조급했다 함.

게 답한 내용과, 자공子貢이 극자성棘子成(위衛나라 대부)에게 대답한 부분과, 유약有若이 애공哀公의 질문에 답변한 내용 및 증자曾子의 우도友道에 관한 설명 등을 합쳐서 4장으로 되어 있다. 우리가 이 편장을 통해 느낄 수 있는 것은, 공부자가 철저하게 정치를 인과 결부시켰다는 사실이고, 인이 배제된 정치는 횡포요 독재라는 의미가 행간에 일관되게 흐르고 있다.

정치가 반드시 인과 결부되어야 한다는 명제는, 공부자 시대는 물론이고 요즘에 와서도 이상주의적 발상이라 하여 위정자들에게 내심으로 한결같이 백안시白眼視되는 점은 동일하다. 공부자 시대에는 그래도 인을 정치에 결부시키려고 노력은 했던 데 비해, 근세에 와서는 아예 꿈같은 소리라고 비웃고 이를 전적으로 무시하고 있으니 더욱 절망적이다. 인을 무시한 현실 위주의 정치판은 사악과 횡포와 모리謀利가 횡횡하는 약육강식의 정글 상태로 변화될 것은 분명하다. 근세의 위정자들 대부분이 인을 완전히 배제하고, 오로지 자신과 주변 인물들의 이익을 추구하기 위해, 혁명이나 개혁의 깃발을 들고 교묘한 방법으로 백성들의 입과 귀를 막은 후, 실제로는 정치가 아닌 모리 행각을 일삼고 있다. 혁명이나 개혁은 사실상 모리를 위한 구호로 전락하여 역사를 뒤로 후진시키는 '개악改惡'이 대부분이었음은 근·현대의 역사가 증명하고 있다.

子貢問政, 子曰, "足食, 足兵, 民信之矣."
子貢曰, "必不得已而去, 於斯三者, 何先?"
曰, "去兵."

子貢曰, "必不得已而去, 於斯二者, 何先?"
曰, "去食. 自古皆有死. 民無信, 不立."

자공이 정치가 무엇이냐고 묻자, 공부자께서는, "양식을 풍부하게 하고, 무력을 공고하게 하며, 백성으로 하여금 정부를 믿게 하는 것이다" 하셨다.
"부득이해서 이 세 가지 중 하나를 버린다면 무엇을 먼저 해야 합니까?"
"병兵을 버려야 한다."
"부득이해서 이 둘 중에 또 하나를 버린다면 무엇이겠습니까?"
"식량을 버려야 한다. 예로부터 사람은 누구나 죽게 마련이다. 백성에게 신의信義를 상실하면 정치는 설 수가 없다."(「顔淵」 7章)

예나 지금이나 정치의 요체는 '식食과 병兵 그리고 백성의 신임'이다. '민신民信'의 경우 백성들로 하여금 서로 간에 신의가 있게 하는 것이라고 해석하는 견해도 있지만, 필자는 주자의 설을 좇아 백성들로부터 정치가 신임을 받는 것으로 해석하고 싶다. 풍부한 경제력과, 외적을 물리치고 내란을 평정할 수 있는 무력을 완비했을 때, 백성은 정부를 믿고 순종할 것은 자명하다. 백성을 굶주리게 하거나 허기지게 하고 또한 강력한 무력을 갖추지 못하여, 주변 국가들로부터 능멸을 다반사로 받는 정부를 국민이 불신할 것은 당연하다. 경제력과 무력 그리고 신의 중에 어느 하나를 버려야 한다면 무력을 먼저 버리고, 경제력과 신의 중에 다시 하나를 부득이하여 버린다면 경제력을 버리라고 한 공부자의 말은 감동적이다. 근세의 소위 사회주의 국가들이 무력 위주로 정치를 해오다가 반세기도 못 되어 이념 자체가 무용지물로 전락한 것도 경종이 될 것이다. 공부자는 '무력' 다음에 버릴 것이 '경제력'이고, 끝까지 버리지 말아야 할 것으로 '신의'를 거론한 것은, 정치는 인에 근본한 '덕치德治'라야 한다는 당신의 정치사상을 천명한 실례이다.

경제력도 없고 병력도 없었는데도 불구하고 신의로 완강하게 뭉친 어느 민족이, 이를 바탕으로 하여 경제력도 얻고 끝내는 병력도 양성하여 공고한 국가를 기어이 이루고야 만 현대사의 한 예도 참고가 된다.

백성과 정부가 서로 신뢰하여 하나로 뭉쳤을 때, 그 나라는 가난하고 무력이 없어도 결코 괴멸되지 않았다는 과거의 선례들에서, '신의'가 국가 존립의 핵심임을 확인할 수 있다. 그러나 공부자가 정치의 3대 요체 가운데서 '족식足食'을 최우선으로 삼은 것은 만고불변의 형안炯眼이다. '족식'은 의식주를 망라한 경제력으로 해석해야 할 것이다. 이와 관련해서 『예기禮記』「왕제王制」편의 다음과 같은 기록은 수천 년이 지난 오늘에도 유효하다.

國無九年之蓄, 不足, 無六年之蓄, 急, 無三年之蓄, 國非國也.

나라에 9년 먹을 식량이 비축되지 않았으면 부족이고, 6년간의 식량이 비축되지 않았다면 급急이며, 3년간의 양식이 비축되지 않았으면 그 나라를 국가라고 할 수가 없다.

백성들이 배불리 먹고 편안하게 생활할 수 있는 경제력을 갖추지 못한 국가는, 그 밖의 어떤 현란한 업적과 교묘한 구호가 있다 하더라도, 그것은 기만이요 부질없는 짓이다. 더구나 식량을 정권 유지의 수단으로 삼는다면, 이는 동서고금의 역사상 유례없는 패도정권覇道政權에 불과하다. 온 국민이 9년간 어떤 한발과 수해나 천재지변이 일어나도 먹을 수 있는 식량이 없을 때, 『예기』는 이를 두고 '부족不足'이라고 했다. 그러므로 공부자가 '족식'이라고 한 것은 적어도 9년간의 식량 비축을 뜻한다. 6년간의 식량을 비축하지 못했을 때 이를 '위급한 상황'이라고 표현한 것도 한 나라의 기초가 식량, 즉 경제력임을 피력한 것이다. 더구나 3년간 온 국민이 먹을 식량을 비축하지 못한 국가는 국가가 아니라고 규정한 것은, 오늘날의 위정자들도 명심해야 할 사항이다. 전조 조선왕조도 전반기까지는 3년간 백성이 먹을 수 있는 식량이 전국 방방곡곡의 정부 창고에 저장되어 있었다고 알려져 있다. 지금 경제 성장을 했고 민주화가 되었다고 뽐내고 있는 대한민국은, 과연 '족식'과 '족병' 그리고 '신의'가 구비되어 있는 체제이냐고 반문하고 싶다. 이 질문에 대해서 위정자들은 역사 앞에 겸허하게 대답할 준비를 하고 있어야 한다.

齊景公問政於孔子, 孔子對曰, "君君, 臣臣, 父父, 子子."
公曰, "善哉. 信如君不君, 臣不臣, 父不父, 子不子, 雖有粟, 吾得而食諸?"

제경공이 "정치가 무엇입니까?" 하고 묻자, 공부자가 대답하셨다.
"임금은 임금답고, 신하는 신하답고, 아버지는 아버지답고, 아들은 아들답게 하는 것입니다."
제경공이 말하였다. "훌륭합니다. 만일 임금이 임금답지 않고, 신하가 신하답지 않고, 아버지가 아버지답지 않고, 자식이 자식답지 않다면, 비록 곡식이 있다고 해도 내 그것을 먹을 수 있겠습니까?"(「顔淵」 11章)

季康子問政於孔子, 孔子對曰, "政者, 正也, 子帥以正, 孰敢不正?"

계강자가 "정치가 무엇입니까?" 하고 묻자, 공부자께서 대답하셨다. "정치는 바르게 하는 것으로써, 그대가 솔선하여 바르게 한다면 누가 감히 부정을 행하겠습니까?"(「顔淵」 17章)

세상의 모든 일은 상식을 벗어나지 않는다. 정치 역시 논리 정연한 신기루나 무지개 같은 이론이 아니라, 지도자는 자도자다워야 하고, 관료는 관료로서 본분을 다해야 하며, 아버지와 아들도 각각의 올바른 직분을 수행하는 그것이 바로 정치라고 했다. 여기서 우리가 주목할 것은 '군君 · 신臣 · 부父 · 자子'에서 손윗사람이 먼저 솔선하여 본분을 지킬 것을 요구했다는 점이다. 위에 있는 자가 먼저 정당하게 처신해야 함을 강조한 것이다. 시대가 변했으니, 이 구절에서 '모모母母 · 여녀女女' 즉 어머니는 어머니답고, 딸은 딸다워야 한다는 내용을 첨가할 필요가 있다. 군君답지 않은 군이 세계 도처에서 군림하고, 신하(관료)답지 않은 신하들이 협잡과 모리만을 일삼고 있으며, 아버지답지 않은 아버지들이 행사行邪를 무소부지無所不至로 하고 있고, 어머니답지 않은 어머니들이 부정한 짓을 겁 없이 하고 있는 현실에서, 백성들과 아들 딸들이 상궤常軌를 벗어날 것은 명약관화하다.

당시 노나라의 독재자인 계강자가 공부자에게 정치가 무엇이냐고 묻자, 공부자는 '왜곡된 것을 바로잡는 것이다' 하고 응수한 뒤, '계강자 당신이 솔선하여 매사를 공명정대하게 몸소 행한다면 어느 누가 행악行惡과 부정不正을 하겠느냐' 고 일침을 가했다. 백성에게 행패를 부리고 부를 축적하기 위해 갖은 부정을 일삼았던 독재자 계강자가, 공부자의 이 같은 충고를 받아들였을 까닭이 없었다. 그러나 공부자의 이 말씀은 시공을 초월하여, 위정자들이 명심해야 할 엄숙한 경구이다. 사이비 위정자들과 이들 주변 인물들의 사리사욕을 채우기 위해 '개악改惡'을 하면서 개정改正 또는 개혁改革으로 포장하는 행위는 단연코 지양되어야 함을 공부자가 질타한 것으로 필자는 이해하고자 한다.

13. 정치인 자질에 대한 논의 -「자로子路」

『삼국사기』를 읽어보면 당시 신라·백제·고구려가 첨예하게 대립하고 있었을 때, 백성들의 삼국간 교류는 쉽지 않았음을 알 수 있다. 신라인은 신라에, 백제인은 백제에, 고구려인은 고구려에 살기를 강요당했기 때문이다. 고대나 중세 및 근·현대 국가를 막론하고 철통같은 국경을 만들어놓고 백성들의 이주를 억압하는 것이 통례였다. 만일 백성들이 동족일 경우 권력자에 의해 강요된 억지 국경을 무시하고 거주 이전의 자유를 갖게 되면 통일은 쉽게 이룩될 것이고, 백성을 불편하게 하고 수탈하는 정권은 결코 오래 존재하지 못할 것이다. 『삼국사기』에는 삼국의 본기本紀 등 각종 기록에서 삼국 백성들의 탈출과 이주의 기록이 간혹 발견되는데, 한결같이 고구려·백제의 동포가 신라로 유입되는 기사가 주조를 이루고 있다. 아마도 삼국 중 신라가 가장 백성을 편안하게 해주었기 때문에 이 같은 현상이 일어났고, 이 같은 상황은 삼국 통합을 신라가 이룩한 바탕이 되었던 것 같다. 신라 백성이 고구려·백제로 간 예도 간혹 있지만 그것은 극소수에 불과했다. 『삼국사기』 말이 난 김에 한마디하자면, 우리는 뇌천雷川 김부식金富軾을 사대주의자라고 매도한다. 그러나 김부식이 사대주의자라는 잘못된 고정관념을 버리고 『삼국사기』를 직접 읽어본다면, 뇌천을 사대주의자라고 간단히 규정할 수 없을 것이다. 사대주의자라고 말할 수 없는 면이 한두 가지가 아니지만, 우선 삼국의 역사를 '세가世家'*라고 하지 않고 본기本紀*라고 기술한 사실만을 지적하겠다.

반세기간 지속된 치열한 남·북한 대립 구도의 극복은, 외국에서 수입된 박제 이데올로기인 사회주의나 민주주의 등 우리 체질에 전혀 맞지 않은 사이비 이념들을 떨쳐버리고 우리의 정치이념인 민본주의民本主義를 기반으로 한 후, 남·북한 어디든지 백성들이 살고 싶은 곳을 스스로 선택하게 하면 가능하지 않을까 하는 낭만적인 생각을 해본다. '정치'는 소위 새 천년이라고 떠드는 21세기를 맞이한 오늘날에도 기원전 6세기 때 공부자가 강조한 이상으로 가장 영향력을 행사하는 화두이다. 삼국의 분단과 신라와 발해의 대립과 후삼국의 약 반세기 동안의 분열에서, 우리는 남북 분단의 극복과 지양 및 민족 재통합의 열쇠를 찾아야 한다.

『논어』 제13 「자로子路」편은 정치에 가장 관심을 많이 가졌고 또 정치를 직접 행한 자로가 공부자에게 '정치는 무엇입니까?' 하는 질문으로 시작되었는데, 모두 30장으로 짜여져 있다. 이들 중 16장은 공부자가 직접 논술했고, 나머지 14장은 제후들과 대부 및 제자들의 질문에 답변한 내용이다. 동양에서 정치를 연구하는 학자들이나 정치가들이 모

* 세가(世家) : 제후諸侯의 역사.
* 본기(本紀) : 황제皇帝의 역사.

두 서구나 동구 및 영국과 미국의 정치사를 열심히 연구하여 이들 남의 나라의 정치 실례를 거울삼아 반세기 동안 정치를 해왔지만, 신통한 해결책을 찾지 못하여 결국 삼천리 금수강산이 아수라장으로 변하고 만 것은 어쩌면 당연한 귀결인지도 모르겠다. 인간의 두뇌세포는 아무리 증식해봤자 일정한 용량을 결코 벗어나지 못한다. 그러므로 인간의 창의력은 사실 이미 바닥이 난 것으로 봐도 좋다. 수만 년의 인류 역사에서 제시된 창의력을 제대로 활용한다면, 또 다른 창의력이 불필요할 만큼 무궁하다. 그러므로 과거사에 대한 관심을 복고주의復古主義라고 비난하는 교만한 삼류 진보주의자들에게 정치 문제에 있어서 더욱 겸허한 마음가짐으로 『논어』 등 동양고전을 정독하라고 권하고 싶다.

子路問政, 子曰, "先之勞之."
請益, 曰, "無倦."

  자로가 정치에 대해서 묻자, 공부자께서는, "솔선수범하고 부지런히 하는 것이다" 하셨다.
  좀더 구체적으로 말씀해주시길 청하자, "제기한 정책을 집념을 가지고 실천하는 것이다" 하셨다. (「子路」1章)

仲弓爲季氏宰, 問政, 子曰, "先有司, 赦小過, 擧賢才."
曰, "焉知賢才而擧之?"
曰, "擧爾所知, 爾所不知, 人其舍諸."

  중궁이 계씨의 가신家臣이 되어 정사에 대해 묻자, 공부자께서 말씀하셨다.

"해당 관서가 책임지고 일하게끔 하되, 사소한 과오는 용서해야 하고, 현명한 인재를 등용하는 것이 중요하다."
"현명한 인재를 어떻게 알아서 등용합니까?"
"네가 아는 현자를 등용하면 네가 모르는 현자를 남이 천거하지 않고 버려두겠느냐."(「子路」2章)

정치는 솔선수범하는 것이고 일단 제시된 정책은 중도에 유야무야시키지 말고 반드시 결실을 맺는 일관성이 필요하다고 공부자는 역설했다. 용두사미龍頭蛇尾가 된 정책이 반세기 동안 얼마나 많았는가를 회상하면 공부자의 이 같은 경고가 만고불변의 진리임을 알 것이다. 경복궁 정전正殿의 명칭이 근정전勤政殿임은 이 같은 심오한 뜻을 가진 것으로 봐도 무방하다. 정치는 혼자 해서도 안 되고, 단연코 혼자서 할 수는 없는 것인 만큼, 각각의 사안은 해당 전문 관서에 맡겨서 소신껏 처리하게 해야 한다고 했다. 모든 것을 혼자 독단하겠다는 과욕은 버리라는 질책이다. 유사有司가 일을 처리하다가 사소한 잘못을 저지를 경우에는 이를 용서하고 더 잘하기 위한 방도로 활용할 것을 요구하고, 해당 분야의 전문지식을 가진 현명한 인재를 등용하는 것이 정치의 요체라고 했다. 본질적인 잘못을 저지른 자도 자기가 좋아하는 사람일 경우는 관대하게(?) 용서하고, 사소한 과오를 범한 사람이라도 자신이 미워하는 사람이면 비록 현자라도 가차없이 자르는 따위의 경솔한 짓을 말라는 의미이다. 현자賢者와 우자愚者를 어떻게 분별하느냐고 묻자, 현자가 등용되면 우자는 자연히 물러나고, 현자가 주변에 모이게 되니 걱정하지 말라고 했다.

樊遲請學稼, 子曰, "吾不如老農."
請學爲圃, 曰, "吾不如老圃."
樊遲出, 子曰, "小人哉, 樊須也! 上好禮, 則民莫敢不敬, 上好義, 則民莫敢不服, 上好信, 則民莫敢不用情, 夫如是, 則四方之民, 襁負其子而至矣, 焉用稼?"

번지가 농사일을 배우기를 청하자, 공부자께서는, "나는 늙은 농부만 못하다" 하셨다.
다시 채전일 배우길 청하니, "나는 늙은 원예사만 못하다" 하셨다.
번지가 나가자, 공부자께서 말씀하셨다.
"번지는 소인배로구나! 윗사람이 예를 좋아하면 백성들이 윗사람을 공경하지 않음이 없고, 윗사람이 정의로우면 백성들은 반드시 복종하고, 윗사람이 신의를 지키면 백성들도 성실해지기 마련인 바, 이같이 하면 사방의 백성들이 자식을 강보에 싸서 업고 몰려올 것이니, 농사일을 걱정할 필요가 있겠는가?" (「子路」 4章)

子曰, "其身正, 不令而行, 其身不正, 雖令不從."

공부자께서 말씀하셨다.
"자기 자신이 바르면 명령을 내리지 않아도 행해지고, 자신이 바르지 못하면 비록 명령을 내려도 따르지 않는다." (「子路」 6章)

子適衛, 冉有僕.
子曰, "庶矣哉."
冉有曰, "旣庶矣, 又何加焉?"
曰, "富之."

曰, "旣富矣, 又何加焉?"
曰, "敎之."

공부자가 위나라로 가실 때 염유가 배행했다.
공부자께서 "백성들이 많기도 하구나" 하고 말씀하셨다.
염유가 물었다.
"백성들이 이미 많으면 여기에 무엇을 첨가해야 합니까?"
"부유하게 해주는 것이다."
"부유하게 한 다음 무엇을 더해야 합니까?"
"백성들을 교육시켜야 한다." (「子路」 9章)

번지가 농사일과 채전 가꾸는 일을 묻자 공부자는 이것은 백성이 스스로 알아서 하는 일이라고 하면서 정치의 본질은 다른 데 있는데도 불구하고, 이를 모르는 번지를 지칭하여 소인이라고 혹평했다. 제자도 마땅치 못한 부분이 있으면 이같이 단호하게 비판하는 것이 공부자의 성격이었다. 용맹스럽게 성장하지 못할 새끼를 죽이는 맹수의 기상이 보이는 또 하나의 실례이다. 공부자는 정사를 담당하게 된 번지가 농부나 원예사에게 할 질문을 자신에게 한 것에 대해서 분노한 것이다. 윗사람이 '예禮'와 '의義' 그리고 '신信'을 좋아하면, 아래의 백성들은 모두 윗사람을 존경하고 즐겨 복종하며 성실해지기 마련인 만큼, 윗사람이 스스로 모범이 될 것을 촉구한 것이다.

동서고금을 막론하고 자기에게는 관대하며 남에게는 엄격한 이중적인 척도를 가진 사람이 많다. 백성들에게 공경받기를 원하고, 반항하지 말 것을 기대하며, 매사에 성실할 것을 요구하는 지배자들이 자신의 과오는 전혀 보려고 하지 않는 것을 풍자했다. 지도자가 예와 신의와 성실성을 갖고 나라를 다스리면, 사방의 백성들이 자식을 업고 모두들 몰려와서 열심히 농사를 짓고 채전을 일굴 것이니, 번수가 농사와 채전일을 배우고자 한 것은 본말이 어긋난 것이라고 공부자는 단정했다. 앞서 고구려와 백제의 백성들이 신라로 이주해온 사례가 많았다고 했는데, 그 사실도 신라 지배층의 도덕성·신의와 연관이 있었다.

공부자가 위衛나라를 여행했을 때, 제자인 염유가 배행했다. 공부자는 위나라의 백성이 많음을 보고 정치가들의 도덕성을 암암리에 기렸다. 염유가 일단 백성이 이같이 은성殷盛하면 무엇을 해야 하느냐고 묻자, 공부자는 '경제성장'이라는 한마디 말로 요약했다. 자고로 위대한 정치가는 국가경제의 발전을 최우선으로 삼았다. 경제제일주의라는 과거의 정책지표도 수천 년 전 공부자의 정치사상에서 벗어나지 않는다는 사실을 확인하게 된다.

경제성장을 한 다음 무엇을 해야 하느냐는 질문에, 공부자는 '교육'이라고 답했다. 당시 위나라는 아마도 주변 국가의 백성들이 많이 몰려와 인구가 많았던 것 같고, 이에 대해 공부자는 경제력과 교육을 여기에 더하면 위나라는 강국이 된다는 낙관적인 견해를 피력했다. 위나라는 노나라의 시조 주공周公의 형제인 강숙康叔이 세운 나라였기 때문에 공부자는 애정이 남달랐다. 공부자는 지도자가 생각과 행동을 방정하게 가지면 명령하지 않아도 백성들은 스스로 올바르게 행동하지만, 그렇지 못할 때에는 아무리 명령을 내려도 백성들은 절대로 복종하지 않는다고 했다. 국가의 정령이 시행되지 않는 이유는 위정자의 부도덕성과 협잡성 때문이지, 백성이 올바르지 않아서가 아님은 역사가 이를 증명한다.

子夏爲莒父宰, 問政. 子曰, "無欲速, 無見小利. 欲速則不達, 見小利則大事不成."

자하가 거보의 읍재邑宰가 되어 정사에 대해 묻자, 공부자께서 말씀하셨다.
"속히 하려고 하지 말고, 작은 이익을 탐하지 말아야 한다. 한꺼번에 속히 완수하려고 하면 제대로 성취하지 못하고, 작은 이익을 탐하면 큰 일을 이루지 못한다."(「子路」17章)

葉公語孔子曰, "吾黨有直躬者, 其父攘羊, 而子證之."
孔子曰, "吾黨之直者異於是, 父爲子隱, 子爲父隱, 直在其中矣."

섭공이 공부자에게, "우리 향당鄕黨에 강직한 궁躬이라는 자가 있는데, 그의 아버지가 양을 훔치자 아들인 그가 고발하고 증인이 되었습니다" 하며 자랑했다.
이에 대해 공부자께서 말씀하셨다.
"우리 향당의 올곧은 자는 이와는 달라서 아버지가 자식을 위하여 숨겨주고, 아들이 아버지를 위해 숨겨주는데, 이를 일러 정직이라고 합니다."(「子路」18章)

子曰, "君子易事而難說也. 說之不以道, 不說也, 及其使人也, 器之. 小人難事而易說也. 說之雖不以道, 說也, 及其使人也, 求備焉."

공부자께서 말씀하셨다.

"군자는 섬기기는 쉬워도 기쁘게 하기는 어렵다. 도의에 어긋난 것으로 기쁘게 하면 이를 기뻐하지 않으며, 사람을 부릴 때도 사람의 자질에 따라 부리기 때문이다. 소인은 섬기기는 어렵지만 기쁘게 하기는 쉽다. 비록 도의에 어긋난 것으로 기쁘게 해도 이를 기뻐할 뿐 아니라 사람을 부림에 있어서도 온갖 잡다한 기능이 갖추어지기를 바라기 때문이다."

(「子路」 25章)

자하가 거보의 읍재가 되어 정사에 관해 묻자 공부자는 자신의 임기 동안에 모든 것을 다하려고 하는 욕심을 버리고 사소한 이익을 탐하지 말 것은 지시했다. 긴긴 역사의 흐름 속에 자신에게 부여된 몇 년간의 기간은 수유須臾에 불과한데도 불구하고, 모든 것을 성취하여 업적을 후세에 남기겠다는 가당찮은 욕심을 버리라는 경고이다. 게다가 지도자가 군자가 아닌 소인인 경우에는 일가나 주변 추종자들에게 부도덕한 이익을 주기 위해 온갖 행동을 자행하는데, 이렇게 하면 정작 해야 할 큰 일을 못한다고 질책했다.

섭공이 그의 향당에 아버지의 잘못을 고발하고 이를 증언까지 한 강직한 인물이 있음을 자랑하자, 공부자는 당신의 향당에는 아버지는 자식의 과오를 덮어주고 자식은 아버지의 잘못을 감추는 것을 강직으로 생각한다고 반박했다. 한때 아버지를 고발하여 국가로부터 명예를 얻어 호의호식한 숱한 사례가 우리나라에도 있었는데, 이 같은 행위가 과연 정당하며 근대적인 사유인지 필자는 이해할 수 없다. 가족의 잘못은 가족의 테두리 안에서 충고와 조언으로 고정됨이 마땅한 것이 아닌가.

공부자가 내린 '군자정객君子政客'과 '소인정객小人政客'의 정의도 재음

미할 필요가 있다. 군자정객을 모시는 사람은 이를 보필하기는 쉽지만 즐겁게 하기는 어려운 데 반해, 소인정객은 모시기는 어렵지만 기쁘게 하기는 용이하다고 공부자는 말했다. 소인은 주관이 없고 이해관계에 따라 표변하기 때문에 모시기가 어렵지만, 이익과 정감적 쾌락만 제공하면 마냥 기뻐하기 때문에 기쁘게 하기는 쉽다고 했다. 반면 군자는 도덕성을 갖추었기 때문에 모시기는 매우 쉽지만, 정의에 위배되는 것을 용인하지 않고 항상 대의명분과 나라와 백성에게 혜택이 가는 것만을 기뻐하는 까닭으로 기쁘게 하기가 어렵다고 했다. 나라와 백성에게 모두 혜택이 가게 하기는 엄청 어려운 반면, 소인정객의 찰나적인 기호에 맞추기는 엄청나게 쉬운 것 또한 사실이다.

우리는 지금 소인정객이 횡행하는 시대에 살고 있다. 이들 소인들에게 뇌물을 주고 하잘것없는 명성을 안겨주면 기뻐하여 어쩔 줄 모르는 것도 다반사로 보아왔다. 백성과 국가의 이익은 아득히 뒷전으로 밀려나고, 일가와 주변 소인배들의 이익추구를 위한 도구로 전락한 정치는 청산해야 할 시점에 와 있다. 이렇게 하기 위해 필자는 역사 공부를 정객들에게 권유한다. 역사는 정객의 잘잘못을 천추만대에 전한다. 백년 또는 천년 만년 이후에도 백성들은 이 같은 소인정객들의 기록을 찾아 그들이 저지른 과오를 읽고 가슴에 새겨서 후세 사람들에게 길이 전승한다는 사실을 『논어』「자로」편에서 암암리에 말하고 있는 것이 아닐까.

14. 진보주의 성향의 공자 - 「헌문憲問」

「헌문憲問」편은 원헌原憲*이 공부자에게 '치恥(부끄러움)'에 대해서 묻는 것으로 시작했다. 인간이 인간인 것은 부끄러워할 줄 알기 때문인데, 잘못을 저지르고도 조금도 부끄러워하지 않는 것이 요즈음의 세태이다. 이 같은 세태의 반영으로서 거의 모든 사람들이 후안무치厚顔無恥가 되어 갖은 행사行邪를 하고도 추호의 부끄러움도 느끼지 못하는 풍조가 만연되어 있는 터에, 『논어』의 「헌문」편은 경각심을 일으키는 촉매로서 귀중한 역할을 한다.

『논어』 제14 「헌문」편은 대체로 원헌이 채록한 것으로 알려져 있고, 학자에 따라 47장 또는 44장으로 나누기도 한다. 47장은 주자의 설이고, 44장은 유보남劉寶楠·양백준揚伯峻 등의 견해이다. 필자는 유보남 등이 나눈 44장설을 좇아서 이야기를 전개하겠다.

「헌문」편 44장은 공부자가 직접 논술한 23장과 제자弟子나 혹인或人,

* 원헌(原憲): B.C. 515~? 공자의 제자. 자는 자사子思. 공자 사후에 궁벽한 시골에 은거하였다 함.

사자使者 등의 질문에 답한 19장과 신문자晨門者와 하궤자荷蕢者가 공부자를 비평한 2장으로 구성되어 있다. 주된 내용은 삼왕이패三王二覇의 행적과 제후나 대부의 행동거지를 중심으로 한 '지치知恥'와 '수기修己' '안민安民' 등의 문제를 '인도仁道'와 결부시켜 논의했다. 이 편장의 내용에서 미생무微生畝 등에 의해 공부자 자신도 평가를 받고 있는 점이 흥미를 끈다. 『논어』는 공부자의 장점만 부각시킨 것이 아니라 문제되는 면모도 채록되어 있기 때문에 여타 성인에 관한 기록들보다 훨씬 가치가 있다. 「헌문」편의 등장인물은 많지만, 공부자가 특히 관심을 가지고 밀도 있게 비평한 사람은 '남궁괄南宮适, 자산子産, 자서子西, 관중管仲, 맹공작孟公綽, 장무중臧武仲, 진문공晉文公, 제환공齊桓公, 공숙문자公叔文子, 궐당동자闕黨童子' 등인데, 이들을 비평함에 있어서 한결같이 '인도'를 기준으로 했다. 「헌문」편에서 공부자의 제자를 제외하고 등장한 인물들 중에서 관심을 끄는 것은 은자로 알려진 '신문자, 하궤자'와 '궐당동자' 및 공부자의 친구(?)인 '원양原壤'이다.

『논어』의 주제는 정치라고 해도 과언이 아니다. 인간 사회에서 가장 많은 영향력을 행사하는 것이 정치임을 공부자는 수천 년 전에 이미 파악했다는 증거이다. 정치의 영향력이 시대의 진행에 따라 증폭되는 것은 어쩌면 불행일 수도 있다. 왜냐하면 정치가의 자질과 도덕성이 시대가 흘러갈수록 저하되고 있기 때문이다.

憲問恥, 子曰, "邦有道, 穀, 邦無道, 穀, 恥也."

원헌原憲이 치욕에 대해서 묻자, 공부자께서 말씀하셨다.

"나라에 도가 있을 때 녹만 먹고, 나라에 도가 없을 때 녹만 먹는 것이 바로 치욕이다."(「憲問」1章)

"克伐怨欲, 不行焉, 可以爲仁矣?"
子曰, "可以爲難矣, 仁則吾不知也."

"이기기를 좋아하고, 자신의 공적을 자랑하고, 남을 원망하고, 욕심을 부리는 일을 안 한다면 인仁이라고 하겠습니까?" 하고 원헌이 다시 물었다.
공부자께서 말씀하셨다. "이는 매우 어려운 일이기는 하지만 그것이 인인지는 모르겠구나."(「憲問」2章)

「헌문」편의 서장序章이다. 원헌이 무엇을 치욕이라 하느냐고 묻자, 공부자는 합법적인 정권이 훌륭한 통치를 하고 있을 때, 국가와 백성을 위해 정당한 일을 하지 않고 무사안일無事安逸에 젖어 봉급만 타는 것이 바로 치욕이라고 했다. 계속하여 공부자는 사악한 방법으로 민심을 조작하여 집권한 후 행악行惡과 행사行邪를 일삼는 정권 밑에서 봉급을 받고 일하는 것 또한 부끄러운 것이라고 했다. 추구하는 바의 호불호好不好를 막론하고 남을 이기거나, 보잘것없는 자신의 업적을 갖가지 수단을 동원하여 홍보하거나, 자신에게 불이익을 주는 사람을 불문곡직不問曲直하고 원망하거나, 사리사욕을 채우기 위해 탐욕을 일삼는 일을 하지 않는다면 이를 인이라고 할 수 있느냐고 원헌이 묻자, 공부자는 그것이 인인지는 단언하기 어렵지만 매우 어려운 일이라고 답변했다.

불행하게도 우리가 살고 있는 현대는 바로 '극克·벌伐·원怨·욕欲'

만이 요원의 불길처럼 타오르고 있는 그러한 시대이다. 그러므로 주변에 일상으로 대하는 거의 모든 사람이 '극인克人'이요, '벌인伐人'이요, '원인怨人'이며, '욕인欲人' 밖에 없다고 해도 지나치지 않을 정도이다. 세계적으로 정치의 위력은 날로 더해가는데 정치가의 자질은 날로 저하되어, 앞에 열거한 극인 등 사자四者들의 부류가 권력을 장악하고 있으니, 세계 거의 모든 나라의 백성들이 불행의 늪에서 허덕이고 있다는 진단도 터무니없는 것은 아니다.

子曰, "爲命, 裨諶草創之, 世叔討論之, 行人子羽修飾之, 東里子産潤色之."

공부자께서 말씀하셨다.
"사명辭命(외교문서)을 만들 때 비침(정鄭나라의 대부)이 초고를 만들고, 세숙(정나라의 대부)이 연구 검토를 하고, 외교관인 자우(정나라의 대부)가 보충 또는 삭제하고, 동리의 자산(정나라의 대부)이 품위 있는 언어로 이를 윤색했다."
(「憲問」 9章)

공부자의 위의 말은 표면적으로 외교문서에 대한 것이기는 하나, 국가간 외교 문제에 대한 견해를 밝힌 것으로 국가 차원에서 재음미해야 할 과제이다. 소위 세계화 또는 국제화는 이제 피할 수 없는 명제로 다가와 있어서, 싫다고 거부하거나 불리하다고 눈감을 수도 없다. 외교는 옛날부터 존망 문제와 직결되었다. 일찍이 삼국시대나 통일신라 및 남북국시대·후삼국시대·고려시대 및 조선시대에도 이들 수많은 전조前朝들의 흥망성쇠의 중요한 고리로 작용한 것이 바로 중국을 비롯한 주변 국가와의 외교 문제였다. 신라는 삼국 가운데 가장 적의한 외교정책을 폈기 때문에 삼한三韓을 통일했고, 고려말 우왕은 외교의 실패로 인해 나라를 잃었다고 여길 수도 있으며, 조선조의 선조 역시 외교의 실패로 인해 임진왜란을 겪었으며, 대한제국 시대에도 졸렬한 외교정책 때문에 나라를 강점당했다고 필자는 생각한다. 외교정책의 중요성은 강대국보다 약소국에 가일층 배가된다. 강대국은 세력권에 있는 약소국을 지배하기 위해 필요하고, 약소국은 주변 강대국으로부터 자국의 백성과 문화를 보존하여 지닌 바의 정체성을 확보하기 위해 더욱 신중하게 대처하지 않을 수 없다.

정鄭나라의 경우, 비침이 외교문서의 초안을 작성하고, 세숙이 초안을 연구 검토하고, 외교담당관인 자우가 현실에 맞게 보완하거나 삭제한 후, 자산이 최종적으로 윤문하여 문서를 받는 나라가 흡족한 마음을 갖게끔 마무리지었다. 한때 우리나라는 외교관을 각국에 파견함에 있어서 '위인설관爲人設官'의 인식을 바탕으로 하여, 생각하고 봐주어야 할 사람의 취직 정도로 외교관을 임명했다는 인상을 주기도 했다. 외국의 예를 들면 우리나라에 부임한 대사는 『삼국사기』와 『고려사』 『조선왕조실록』까지 면밀하게 검토한다는 말을 들은 적이 있다. 이에 반해 우리나라가 파견하는 대사들이 그 나라의 역사를 얼마나 공부하고 부임했는지 알아보고 싶은 심정이다. 사명辭命, 즉 외교문서의 글자 한 자가 크게는 국가의 존망을, 작게는 막대한 경제적 이익이나 손실을 가져온다는 것은 알려진 사실이다. 공부자가 언급한 것처럼 단순한 지식만으로도 안 되고 실무 경험이 있는 행인行人(외교관)을 반드시 참여시켜 외교문서를 작성케 했다는 것은 오늘날에도 명심해야 할 사안이다.

子言, 衛靈公之無道也, 康子曰, "夫如是, 奚而不喪?"
孔子曰, "仲叔圉治賓客, 祝鮀治宗廟, 王孫賈治軍旅, 夫如是, 奚其喪?"

공부자가 위나라 영공의 무도無道에 대해 말씀하시니, 계강자季康子가, "무도하기가 이 같은데 어찌 지위를 잃지 않고 있습니까?" 하고 물었다. 공부자께서 말씀하셨다. "중숙어가 외교를 맡고, 축타가 종묘를 관장하고, 왕손가가 군대를 지휘하고 있으니 어찌 그 자리를 잃겠습니까?"
(「憲問」20章)

子路問事君, 子曰, "勿欺也, 而犯之."

자로가 임금 섬기는 법을 묻자, 공부자께서 말씀하셨다.
"기만하지 말고 면전에서 직언을 하라." (「憲問」23章)

子曰, "君子上達, 小人下達."

공부자께서 말씀하셨다.
"군자는 위로 통달하고, 소인은 아래로 통달한다." (「憲問」24章)

子曰, "古之學者爲己, 今之學者爲人."

공부자께서 말씀하셨다.
"옛날 학문하는 자들은 자신의 수양을 위해 배웠는데, 요즘의 학문하는 자들은 남에게 칭송되고 인정받기 위해 배우고 있다." (「憲問」25章)

或曰, "以德報怨, 何如?"

子曰, "何以報德? 以直報怨, 以德報德."

혹자가, "악이나 원한을 덕으로 보답하는 것이 어떻습니까?" 하고 물었다.
공부자께서 말씀하셨다. "그렇다면 덕을 베푼 자에게는 무엇으로 보답하겠는가? 그러므로 악이나 원한은 강직으로 갚고, 덕행에 대해서는 덕으로 갚아야 한다."(「憲問」 36章)

위나라 영공이 무도함에도 불구하고 자리를 잃지 않고 있는 것은, 중숙어가 외교를 잘하고 축타가 백성의 정신적 지주인 종묘를 잘 관리하고 왕손가가 군대를 잘 이끌고 있기 때문이라고 공부자는 진단했다. '외교'와 '종묘'와 '군대'는 고대는 물론이고 지금도 국가의 3대 근간이다. 종묘는 오늘날에 대비한다면 국시國是에 준하는 것이다. 지도자가 비록 문제가 있을지라도 국가경영의 핵심이 되는 인사人事만 잘하면 튼튼한 국가로 존재한다는 점을 부각시켰다.

자로가 지도자 섬기는 법을 묻자, 공부자는 진실을 알리고 면전에서 당당하게 직언을 하여 잘못을 교정하게 하는 것이라고 답변했다. 그러나 대부분의 지도자들이 비위에 거슬리는 직언과 정면에서 강직한 언동을 하는 신하를 좋아한 예가 역사적으로 별로 없었다는 사실이 문제이다. 군자와 소인은 공부자가 항상 핵심 안건으로 삼았던 인물론으로서, 현실적인 목전의 이익 추구를 일삼는 소인배를 군자들이 권력을 장악하여 교화시켜야 함을 누누이 강조했다.

학문하는 자세에 관해서도 공부자 시대를 기준으로 하여 과거의 학자는 자신의 인격수양과 도덕적 완성을 위해 애썼지만, 당시의 배우는 자들은 남에게 인정받아 부귀공명을 추구하는 데에만 힘써서 윤리적 인격도야에는 관심이 없다고 질책했다. 공부자 시대로부터 2600년이 지난 오늘날의 배우는 자들은 이 같은 경향이 더욱 심해서, 언론매체의 동향을 예리하게 관찰하면서 이들의 비위에 맞는 말을 하고 글을 쓰고 그리고 행동하고 있어서 더욱 가소롭다. 행악行惡과 행사行邪를 하는 사람에게 덕을 베푸는 것이 어떠냐는 혹자의 질문에 대해서 공부자는 이 같은 속물들에게는 덕이 아닌 강직으로서 응징하는 것이 마땅하다고 했다. 『논어』를 통하여 우리는 악에 관한 공부자의 추상같은 대응양상을 허다하게 접하게 된다. 비행을 저지른 사람에게는 공부자의 조언대로 회초리를 휘두르는 것이 더욱 효과적이었음을 우리는 통시적으로 확인할 수 있다.

子曰, "賢者避世, 其次避地, 其次避色, 其次避言."

공부자께서 말씀하셨다.
"현자는 세상을 피하고, 그 다음은 지역을 피하고, 그 다음은 색을 피하고, 그 다음은 말을 피한다."(「憲問」 39章)

子曰, "作者七人矣."

공부자께서 말씀하셨다.
"이를 실천한 사람은 일곱 명이다."(「憲問」 40章)

子路宿於石門, 晨門曰, "奚自?"
子路曰, "自孔氏."

曰, "是知其不可而爲之者與?"

자로가 석문에 유숙했는데, 문을 여닫는 사람이, "어디서 왔는가?" 하고 물었다.
자로가, "공씨에게서 왔습니다" 하고 대답하자, 그는
"불가능한 줄 알면서도 하려고 하는 그 사람을 말하느냐?" 하고 다시 응수했다. (「憲問」41章)

原壤夷俟, 子曰, "幼而不孫弟, 長而無述焉, 老而不死, 是爲賊." 以杖叩其脛.

원양*이 걸터앉아서 공부자를 기다리니, 공부자는 이를 보고, "어려서는 공손하지 못했고, 커서는 칭찬할 만한 일이 전혀 없고, 나이가 들었는데 아직도 죽지 않고 있으니, 너야말로 도적이 아니냐?"고 꾸짖으며 지팡이로 원양의 정강이를 후려쳤다. (「憲問」46章)

현자는 혼탁한 시대에는 은거해야 하고, 정의가 없는 지역도 피해야 하며, 봐서는 안 될 악덕한 인물들의 얼굴도 마주하지 말아야 하고, 고약한 인물들의 폭언을 듣지 않도록 피해야 한다고 했다. 조선조에서 16세기 무렵부터 유행했던 사림들의 은거도 기실 『논어』의 이 장절과 무관하지 않다. 자고로 지식인들이 사회를 떠나 강호로 은거하겠다는 것은 말에 그친 것이 태반이었고, 진실로 은거한 사람은 손가락으로

* 원양(原壤) : 춘추시대 노나라 사람. 공자의 옛 친구. 그는 어머니가 죽었을 때 곡을 하지 않고 노래를 불렀다 함.

헤아릴 정도에 불과했다. 공부자 역시 이 같은 정황을 예견하고, 이를 실천한 사람은 7명밖에 안 된다고 했다. 공부자가 언급한 7명에 대한 설은 분분하지만, 이를 억지로 찾아서 채운다면 그것은 천착이라고 한 고인의 해석이 설득력을 갖는다.

『논어』의 이 구절을 보면서 오늘의 이 현실에서 제발 은거하겠다고 선언하고 고향으로 돌아가는 사람이 많이 나왔으면 하는 바람이 한결 절실해진다. 한번 출세를 하여 고위직을 누렸으면 그것으로 만족할 일이지, 퇴임을 하고 나서도 다른 자리를 찾고, 다시 얻은 그 자리에서 퇴임 후에, 또 다른 자리를 찾는 것이 관례처럼 되어 있는 현실이 가탄스럽다. '피세避世, 피지避地, 피색避色, 피언避言'은 2600년 전의 일이 아니라, 오늘의 상황을 공부자가 예언한 것처럼 인식될 정도이다.

자로가 석문石門에서, 실현될 수 없는 환상적인 이상을 현실화하겠다고 부질없이 동분서주하는 공부자를 따라다니는 제자라고 멸시 아닌 멸시를 받은 것도 그 당시의 정황으로 볼 때 정확한 평가일 수도 있다. 그러나 이상은 실천이 되지 않아도 존재해야 할 그런 것이 아닐까? 공부자를 나무란 신문자晨門者 역시 공부자의 이상 자체를 비난한 것은 아니었다.

공부자는 오늘의 기준이 아니라 2600여 년 전 당대의 상황을 기준으로 하여 고찰할 때 응당 진보주의자로 규정되어야 한다고 필자는 확신한다. 당대의 잘못된 예악을 비롯하여 생활습관 등을 과감하게 개혁코자 했던 시도가 각종 문헌에서 현저하게 나타나 있다. 이 같은 공부자의 개혁적 성향은 어릴 때부터 친구였던 원양의 면전에서, '어려서는 패륜아였고 장성해서는 아무 일도 하지 않았으며 나이가 들었는데도 죽지도 않고 있으니 너야말로 도적과 같은 사람'이라고 호통치며 지팡이로 정강이를 때렸다는 사실에서도 확인된다. 정강이를 맞을 사람이 너무나 많고, 세상에 폐해만 끼치는 사람들이 명은 길어서 죽지 않고 무더기로 거리를 활보하는 시대에 우리는 지금 살고 있다. 따라서 '노이불사老而不死'가 「헌문」편의 참된 주제가 아닐까 하는 상념을 떨쳐버릴 수가 없다.

15. 공부자의 현실적 좌절 - 「위령공衛靈公」

『논어』 제15 「위령공衛靈公」편의 명칭 또한 여타 편장처럼 첫 구절인 위령공을 따서 붙였다. 주자는 41장으로 나누었지만, 황간皇侃은 주자가 나눈 한 장을 둘로 갈라 두 장으로 처리하여 42장으로 분류했다. 「위령공」편의 내용은 국가를 통치하는 데 있어서 예禮로 해야지, 무력으로 해서는 안 됨을 특히 강조했고, 처세에 있어서 '인仁'과 '도道' 그리고 '명名'과 '수신修身'을 근본으로 할 것을 언급하면서 아울러 학문과 교육의 중요성을 부각하는 것으로 짜여져 있다.

구체적으로 내용을 검토하면, 공부자의 불우不遇와 궁핍에 대한 내용도 있고 날로 퇴락해가는 사회상에 대한 개탄이 깔려 있다. 서기전 6세기에도 도덕과 사회기강이 피폐하여 유덕자를 찾기 어렵고, 지도자는 군사력을 키우는 데 열중하여 예악에는 관심도 기울이지 않았음을 「위령공」편을 통하여 접하게 된다. 공부자는 천하의 만백성을 중국의 정통 예악사상과 문화에 입각하여 제도하겠다는 이상의 실천이 불가능함을 깨닫고, 당신 자신이 비관에 빠져 체념하는 상황에 이르렀음을 말하고 있다. 인류 역사는 성인이 볼 때 어느 시대를 막론하고 부도덕하고 비정상적으로 판단되는 것인지도 모르겠다. 어쩌면 공부자를 위시한 성인들이 꿈꾸는 그 같은 국가와 사회는 영원히 실현 불가능한 신기루 같은 것에 불과한 듯도 하다.

衛靈公問陳於孔子, 孔子對曰, "俎豆之事, 則嘗聞之矣, 軍旅之事, 未之學也", 明日遂行.
在陳絕糧, 從者病, 莫能興.
子路慍見曰, "君子亦有窮乎?"
子曰, "君子固窮, 小人窮斯濫矣."

위衛나라 영공이 공부자께 진 치는 법을 묻자, 공부자는 "조두俎豆(예교禮敎)에 관한 일은 일찍부터 듣고 있지만, 군사에 대해서는 배운 바 없습니다" 하신 후, 다음날 위나라를 떠나셨다.
진陳나라에 계실 때 양식이 떨어지고 수행하는 사람들도 병이 들어 일어나지 못했다.
자로가 이를 보고 성난 얼굴로 공부자에게, "군자도 이처럼 곤궁해야만 합니까?" 하고 여쭈었다.
공부자께서 말씀하셨다. "군자는 본래 곤궁하게 마련이고, 소인이 곤궁하면 사리에 벗어나는 처신을 한다."(「衛靈公」 1章)

공부자는 춘추시대에서 전국시대로 이행하는 시기의 인물이다. 중원에 존재했던 여러 나라의 지도자들은 약소국을 합방하여 대국이 되고자 하는 야심에 차 있었다. 무수한 소국의 난립으로 인한 폐해가 심각했기 때문에 통일제국이 성립되어야 한다는 여망이 백성들에게도 팽배해 있었다. 그러므로 주조周朝의 정통으로 자부하는 위나라의 지도자인 영공靈公이 군사력에 관심을 가진 것은 무리가 아니다. 권력은 창과 칼 그리고 총과 대포에서 나온다는 상식은 공부자의 시대에도 통했다. 위령공이 그를 찾아온 공부자에게 자신의 최대 관심사였던 군사 문제를 질의한 것은 너무나 당연하다.

전국시대를 지나 진시황이 천하를 통일한 것은, 조야상하朝野上下가 중원에 통일국가가 수립되기를 바라는 염원과 관계가 있고, 이 같은 무수한 제후국의 지배자와 백성의 뜻을 제대로 파악한 진시황이 무력으로 이를 성취한 것이다. 자고로 국가간의 통합은 무력이나 이를 배경으로 한 위협에 의해 이룩되었다. 평화통일로 알려진 것들도 사실상 평화통일이 아니고 무력에 의한 강제 통합이 거의 대부분이고, 역사가 이를 미화시켜 분식粉飾했을 따름이다. 고려와 신라의 통합을 두고 평화통일로 보는 경향이 있지만, 그것은 실질 내막을 간과한 피상적 판단에 지나지 않는다. 국력이 비슷한 나라는 절대로 통일되지 않고, 반드시 국력의 현격한 차이로 말미암아 흡수나 또는 정복했을 경우에야 비로소 통일이 성취되었다는 것은, 비록 부정하고 싶기는 하지만 엄연한 역사적 현실이다.

위령공은 무력을 증강하고 싶은데, 공부자는 이상적인 예악론을 전개했으니 위령공으로부터 박대를 받을 것은 필연이다. 위령공에게 수모 아닌 수모를 당한 공부자는 좌절감을 맛본 채 위나라를 하직했다. 위나라를 나온 공부자는 조曹나라를 찾았지만 여기서도 박대를 당하고, 다시 송宋나라로 향했으나 송에서도 굴욕적인 대접을 받았으며, 진陳나라로 들어갔지만 여기서도 역시 환영받지 못했다.

삼대三代(하夏·은殷·주周)의 예악으로 난세를 광정匡正코자 했던 공부자의 고매高邁한 경륜은 당시 어느 나라에서도 수용되지 않았다. 따라서 스승을 믿고 천하주유天下周遊에 동참했던 제자들의 실망도 극에 다다랐다. 진나라에서 양식이 떨어져 밥을 굶게 되었고, 제자들이 병이 들었지만 치료조차 받을 수 없는 참담한 실정에 놓여 있었다. 그리하여 솔직한 성품을 지녔던 자로에게 공부자는 '군자도 이처럼 곤궁할 수 있느냐'라는 직선적인 항의를 받은 후, 군자도 곤궁할 수 있지만 곤궁하다고 해서 소인처럼 참람하게 행동해서는 안 된다고 완곡하게 타일렀다.

顔淵問爲邦, 子曰, "行夏之時, 乘殷之輅, 服周之冕, 樂則韶舞, 放鄭聲, 遠佞人, 鄭聲淫, 佞人殆."

안연顔淵이 국가통치에 대해 묻자, 공부자께서 말씀하셨다.
"하夏나라의 책력을 쓰고, 은殷나라의 수레를 사용하고, 주周나라의 면류관을 착용하고, 악무는 순舜의 소악韶樂과 무용을 사용하고, 정鄭나라의 악무를 버리고, 교활한 사람을 멀리해야 한다. 왜냐하면 정성鄭聲은 음란淫亂하고, 교활한 인간은 나라를 위태롭게 하기 때문이다."(「衛靈公」 10장)

子曰, "群居終日, 言不及義, 好行小慧, 難矣哉."

공부자께서 말씀하셨다.
"함께 모여서 종일토록 의리에 관해서는 언급도 하지 않고, 간교한 잔재주 부리기를 일삼으면 반드시 환란이 있게 마련이다."(「衛靈公」 16장)

子曰, "君子疾沒世而名不稱焉."

공부자께서 말씀하셨다.
"군자는 삶을 마칠 때까지 이름이 일컬어지지 않음을 싫어한다."

(「衛靈公」19章)

子曰, "君子不以言擧人, 不以人廢言."

공부자께서 말씀하셨다.
"군자는 언설만 번드레한 사람을 천거하거나 쓰지 않아야 하며, 사람됨이 나쁘다고 해서 그가 한 좋은 말까지 배척하지 않는다." (「衛靈公」22章)

안연이 국가를 통치하는 정도를 묻자, 공부자는 정월을 세수歲首로 하는 하력夏曆을 쓰고, 은殷나라가 사용한 검소한 나무수레를 타야 하며, 주周나라의 면류관을 착용해야 한다고 했으며, 악무의 경우도 순임금이 만든 소악韶樂과 소무韶舞를 국가공식 악무로 해야 하고, 방일放逸한 정나라 음악을 버리고 교언영색巧言令色하는 소인배를 멀리해야 한다고 말했다. 한 해의 시작을 어느 달로 해야 하느냐 하는 문제는 천자국과 제후국 간의 역학관계를 설정하는 민감한 문제였다. 이를 일러 고대나 중세에는 '정삭正朔'이라고 명명하여 소위 천자의 나라에서 정하여 제후국에 사용하도록 지시했고, 제후국은 이를 거부하지 못하고 사용했다.

역대로 우리나라는 자체의 정삭을 시행한 적이 없었던 듯하고, 대체로 삼국시대 무렵부터 중국의 것을 따랐다. 이는 오늘날의 서기를 쓰는 것과 동일하다. 중국은 반만년 역사를 통하여 스스로의 정삭을 채택하여 주변 국가에 이를 사용하도록 강요했고, 또 이를 주변국들은 일사불란하게 수용하여 실시했다. 그런데 소위 20세기에 들어와서, 중국은 자체 연호와 정삭을 스스로 폐기하고, 동양문화권과 전혀 관계가 없는 서기를 '공원公元'으로 격상시켜 사용하고 있는 치명적인 과오를 범하고 있을 뿐 아니라, 그것이 크나큰 실착失錯이라는 사실조차 모르고 있으니 개탄스럽다.

국가통치에 있어서 악무의 중요성은 오늘날과 달리 고대에는 매우 막중했다. 군심君心(최고 통치자의 의식)을 비롯하여 신심臣心(관료들의 공인 의식)과 일반 백성의 마음을 제어하는 데 악무만큼 영향력을 발휘하는 것이 고대나 중세에는 없었다. 악무의 영향력이 잠재되어 우리가 인식하지 못하고 있을 따름이지 현대에도 그 영향력은 심각한 것이 사실이다. 불건전한 노래와 춤이 유행하면 백성의 정감이 오염될 뿐만 아니라, 나아가서는 민족성 전반이 병들게 된다. 공부자는 일찍부터 이처럼 악무의 중요성을 알고 있었던 것이다. 근세에 들어와서 일본과 대만을 제외하고, 중국과 한국은 동양의 정통적인 것들을 버리고 서양의 책력冊曆과 연호를 즐겨 쓰고, 악무 또한 서양풍이 심각하게 만연되어 있는 바, 이 같은 세태가 언제까지 계속될 것인지 두렵다.

공부자는 당신 당대 지식인들의 타락상에 대해서도 우려했다. 무리를 지어 하루종일 함께 있으면서 지식인들이 의리義理에 대해서는 일언반구 서로 말하지 않고, 사리사욕에 빠져서 잔재주만 부리고 있는 작태를 탄식하면서, 이 같은 풍조가 만연하면 사회가 문란해지고 종국에는 국가에도 위기가 온다고 경고했다. 오늘날 우리 시대의 지식인들이 떼지어 모여서 오가는 말의 내용을 되돌아보면, 공부자의 경고가 새삼 가슴에 메아리쳐 온다. 공부자는 계속해서 명예를 좋아하는 것이 군자(지식인)의 속성임을 지적했는데, 여기에는 의리의 실천으로 얻어지는 명예만이 값진 것이라는 의미가 행간에 담겨 있다. 명예를 싫어할 사람이 있을까마는 지식인의 경우가 특히 심하다는 것은 부정할 수 없다. 명예를 탐하기 때문에 지식인들이 부정한 본심을 감추고 위선적인 언행을 일삼는 예도 허다하다. 공부자는 이를 염려하여, 말만 그럴듯하게 잘하는 사람도 경계해야 하고, 인품은 비록 나쁘지만 그가 하는 말이 본의와 관계없이 훌륭하면 그 말을 취하여 참고하는 것이 옳다고 하기도 했다.

子曰, "衆惡之, 必察焉, 衆好之, 必察焉."

공부자께서 말씀하셨다.
"많은 사람이 미워하는 자라도 반드시 그 실상을 살펴야 하고, 많은 사람이 좋아하는 사람이라도 진실로 올바른 사람인지를 살펴야 한다."
(「衛靈公」 27章)

子曰, "人能弘道, 非道弘人."

공부자께서 말씀하셨다.
"사람이 도를 넓히는 것이지, 도가 사람을 크게 하는 것은 아니다."
(「衛靈公」 28章)

子曰,
"知及之, 仁不能守之, 雖得之, 必失之.
知及之, 仁能守之, 不莊以涖之, 則民不敬.
知及之, 仁能守之, 莊以涖之, 動之不以禮, 未善也."

공부자께서 말씀하셨다.
"지혜로서 나라나 직위를 얻어도 인仁으로써 지키지 못하면, 비록 얻기는 했으나 반드시 잃게 마련이다.
지혜로써 얻어 인으로써 지켰지만 장중莊重하게 백성들에게 임하지 못하면 존경받지 못한다.
지혜로써 얻어 인으로 지키고 장중하게 임하더라도, 예禮로써 시행하지 않으면 선善하다고 할 수 없다." (「衛靈公」 32章)

子曰, "當仁, 不讓於師."

공부자께서 말씀하셨다.
"인에 관한 한 스승에게도 이를 양보하거나 굽혀서는 안 된다."
(「衛靈公」 35章)

子曰, "道不同, 不相爲謀."

공부자께서 말씀하셨다.
"도가 같지 않으면 더불어 서로 일해서는 안 된다." (「衛靈公」 39章)

공부자는 총명한 재주로써 국가나 직위를 얻었으나, 이를 인仁으로 지키지 않을 때 반드시 잃게 된다고 경고했다. 지혜로써 직위를 얻어 인으로 지켜도 엄격한 금도襟度를 보이지 못하면 백성들로부터 존경받지 못하고, 지혜로써 얻어 인으로 지키고 엄중하게 이를 경영해도 예를 근본으로 하지 못했을 때는 지선至善이라고 할 수 없다고 했다. 국가를 경영하고 직위를 수행함에 있어서, '지知'와 '인仁' 그리고 '장莊'과 '예禮'를 바탕으로 하지 않았을 때, 결코 백성들로부터 존경받을 수 없다고 단언했다. 지혜 대신 '간교奸巧'를, 인 대신 '악'을, 장壯 대신 '경박輕薄'을, 예 대신 필요에 따라 바뀌는 '편법'을 사용하는 정치가나 관료가 백성들로부터 존경받기는 산에서 고기를 잡으려는 것과 같을 것이다. 시대가 진행됨에 따라 정치가나 관료들이 백성들로부터 존경받는 일에 관해서 관심이 없을 뿐 아니라, 존경을 받아서 무슨 이득이 있느냐는 생각을 다반사로 하고 있으니 더욱 놀랍다. 사정이 이같이 악화된 이유는 우리 사회가 올바른 사람에 대해서 명예는 물론이고 편안함도 주지 못했을 뿐 아니라, 오히려 바보 취급을 당하게 했기 때문이다. 선을 권장하고 악을 징계했던 이른바 '권선징악勸善懲惡'의 시대가 가고, 악에게 이익을 주고 선에 대해 불이익에다가 한 술 더 떠서 바보 취급까지 하는 권악징선의 시대에 우리는 살고 있다.

'인'에 대해서, 즉 '정의'에 대해서는 비록 스승의 뜻을 거역함이 있을지라도 이를 지키고 주장하며 실천해야 한다고 공부자는 단호하게 말했다. 지도자나 상사를 위해 정의를 굽히고 불의를 행하는 것이 도리로 착각되는 요즘의 사회상에 일침을 가하는 경구이다. 이념이나 지향하는 바가 다른 사람이라도 세속적 이익이 있으면 헌신짝처럼 지닌 바의 이념을 버리고, 함께 어울려 모의를 일삼는 것이 당연시되는 현실에서, "도가 같지 않으면 더불어 일하지 말아라" 하고 외친 공부자의 말씀은 만세의 귀감이 아닌가. 정치적 지향점이나 평생 동안 추구했던 이데올로기를 손바닥 뒤집듯 폐기하고, 어제 했던 말을 오늘 전폭적으로 뒤집어놓고도 부끄러워할 줄 모르는 사람들로 충만해 있는 기막힌 시대에 우리는 또한 살고 있다.

사회가 다양하고 복잡해지자, 백성들은 쉽게 어제의 일을 잊어버리게 되는 정황을 교묘하게 악용하는 무리들이 거리를 버젓이 활보하는 악행의 시대이기도 하다. 한때 이데올로기의 노예가 되어 인간을 마구잡이로 윽박지르고 학살까지 서슴없이 자행했던 때가 있었지만, 이데올로기를 숭상했던 시기에는 그래도 지조만은 완강하게 지켰다. 근래에 와서는 이데올로기의 굴레에서는 벗어난 듯한 데 반해, 지조는 허공에 날려버린 부박한 인물들로 홍수를 이루고 있다. '사람이 도를 확장하는 것이지, 도가 사람을 크게 하는 것은 아니라'고 말한 공부자의 의중이 새삼 새롭게 다가온다. 인간이 도의 노예가 되어서는 안 되고, 단지 도를 부려서 백성을 안락하게 해야 한다고 공부자가 역설한 것으로 이해하고 싶다. 이 경우 도를 필자는 이데올로기로 해석했다. '이데올로기' 뿐만 아니라, '종교'와 '스포츠' 그리고 '연예'로부터 해방되었을 때 참다운 현대인이 될 것이다.

16. 당대 현실의 객관적 진단 - 「계씨季氏」

『논어』 제16 「계씨季氏」편은 삼론三論* 가운데 제나라 학자가 전한 제론齊論으로 알려져 있다. 제론인지는 확정되지 않았지만, 여타의 편장들과 형식과 체제에 있어서 차이가 있는 점은 인정된다. 전편인 「위령공」의 첫 장이 중국의 정통예악을 무시한 당대 현실에 대한 불만으로 시작했다면, 「계씨」편은 한낱 대부로서 노魯나라를 좌지우지한 독재자 계씨를 비판한 것으로 머리를 삼아 편장을 엮어나갔다. 위衛나라와 노나라가 여타 제후국과 달리 서로 밀접한 관계가 있는 점을 감안하고, 위나라 영공靈公과 노나라의 계씨를 연계시켜 논의를 전개했다. 위나라와 노나라는 모두 주실周室의 후예임에도 불구하고 위나라는 영공에 의해 잘못되고 있고, 노나라는 신하인 계씨에 의해 나라가 퇴락해가는 안타까움을 공부자는 이 편장을 통해 개탄했다.

「계씨」편은 모두 14장으로 짜여져 있는데, 이에 대해서는 이설이 없

* 삼론(三論) : 세 종류의 『논어』로서 고론古論, 노론魯論, 제론齊論을 말함.

다. 『논어』 중에서 편장 첫머리에 '계씨'가 나오는 곳은 제3편 「팔일八佾」의 모두冒頭 '공자위계씨팔일무어정孔子謂季氏八佾舞於庭'에도 있다. 『논어』 편자가 제3편에서 계씨를 빼고 '팔일'로 제목을 삼은 것은, 16편과의 중복을 염두에 둔 것인지, 아니면 계씨의 월례越禮를 비판하고 팔일무의 본질을 선양하기 위한 의도인지는 알 수 없다.

「계씨」편 14장은 공부자가 직접 논술한 것이 열 장이고, 공부자가 제자와 대화한 내용과, 제경공齊景公에 관한 기록, 진항陳亢이 공부자의 아들 백어伯魚와 나눈 대화, 그리고 방군邦君과 그 부인에 관한 호칭 문제를 다룬 부분이 각각 한 장씩 구성되어 있다. 마지막 장인 '방군지처邦君之妻' 앞에 '자왈子曰'이라는 두 글자가 빠졌다는 설도 있으며, 본 16편은 몇몇 곳에 착간錯簡*과 궐오闕誤*가 많다고 옛날부터 지적되고 있다. 「계씨」편의 내용은, 첫째 천하가 무도하여 권력이 사악한 신하에게 넘어간 것을 탄식했고, 아울러 부의 균분均分과 명분名分을 바로세우고 문덕文德을 닦아서 합법적인 통치가 되어야 한다는 것과, 둘째는 올바른 처세를 위해 언행을 바르게 할 것을 강조했으며, 셋째는 학문에 정진하여 보편타당한 사고력을 키울 것을 요구했고, 넷째는 『시경』과 『예기』를 공부하여 규범적인 군자가 되어야 함을 공부자는 당신의 아들 백어를 통하여 교시한 내용으로 짜여져 있다.

孔子曰, "求! 君子疾夫舍曰欲之, 而必爲之辭. 丘也聞, 有國有家

* 착간(錯簡) : 문장의 행간이 바뀌고 뒤섞인 것.
* 궐오(闕誤) : 빠지고 잘못된 부분.

者, 不患寡而患不均, 不患貧而患不安. 蓋均無貧, 和無寡, 安無傾. 夫如是故, 遠人不服, 則修文德以來之, 旣來之則安之. 今由與求也, 相夫子, 遠人不服, 而不能來也, 邦分崩離析, 而不能守也, 而謀動干戈於邦內. 吾恐季孫之憂, 不在顓臾, 而在蕭墻之內也."

공부자께서 말씀하셨다.
"구求야! 군자는 겉으로 탐욕이 없는 척하면서 위선적인 언사를 일삼는 사람을 미워해야 한다. 내가 듣건대 나라를 다스리고 가정을 꾸려나가는 사람은, 백성 적음을 근심하지 않고 평등하게 해주지 못함을 우려하며, 빈곤을 걱정하지 않고 평안하게 못 해줌을 근심해야 한다고 했다. 대저 경제적으로 균등하면 가난을 느끼지 못하고, 편안하면 위기의식이 없기 때문이다. 국가와 가정을 이와 같이 경영하지 못하여, 먼 지방 사람들이 복종하지 않을 경우, 문덕文德을 닦아서 그들을 오게 하고, 이미 오게 했으면 그들을 편안하게 해주어야 한다. 이제 유由와 구求는 계씨를 돕고 있는데도 먼 지역 사람들이 복속하여 오지 않고, 나라는 분열되어 이를 능히 지탱하지 못할 처지임에도 불구하고, 나라 안에서 전쟁을 일으키려 하고 있다. 나는 계손의 우환은 전유顓臾 지역에 있는 것이 아니라, 그의 담장 안에 있지 않은가 두려워한다."(「季氏」 1章)

『논어』「계씨」편은 현재를 살아가는 우리들에게 많은 것을 암시하고 있다. 『논어』의 주제의식은 이처럼 초시대적으로 살아서 역동적으로 인류에게 경각심을 일깨우고 있다. 우리는 지금 대체로 단군 이래 최대의 풍요와 번영을 누리고 있는 것으로 인식하고 있다. 사실 중상층의 경우 경제적 또는 문화적으로 온갖 혜택과 번영 그리고 안락을 누리고 있는 것은 사실이다. 그러나 국가나 민족적인 차원으로 접근할 때, 단군 이래 오천 년 역사에서 가장 불운하고 위험천만한 기간이 아닌가 한다. 민족과 국가는 누란累卵의 위기에 놓여 있는데, 민족 구성원인 개인은 일락逸樂에 탐닉되어 국가와 민족 그리고 사회와의 연계를 끊은 채, 나 홀로 마음껏 즐기고 있다. 만일 민족과 국가가 위기에 처하여 붕괴되면 이 같은 개인의 일락이 무한정 지속될 것인지는 의문이다. 남의 나라에 복속되어 무뇌無腦의 인간으로서, 또는 유인원과 같은 집단으로 전락하여 일신의 평안만을 구가한다면, 그것이 과연 오천 년 역사를 이어온 배달겨레가 취해야 할 태도인가.

우리 민족은 단군을 국조로 한 부여계와 삼한계의 형제로 구성되었음을 필자는 말한 바 있다. 신라의 삼한 통합 이후 우리 민족사의 맥락은 삼한계가 장악했다. 발해조의 멸망 이후 고려에 이은 조선조와 대한제국까지 우리는 압록강·두만강 이남의 삼천리 강토를 동일한 주권 하에 두고 통일국가를 영위해왔다. 그러나 지금은 휴전선으로 분단되어 통일이 언제 이루어질지 예측도 할 수 없는 암담한 현실에 처해 있음을 감안할 때, 이야말로 오천 년 민족사의 심각한 위기가 아니고 무엇인가.

공부자는 백성이 나라를 떠나고 싶어하고 구심점이 없어져 해체의 길로 가고 있는데도, 전쟁에만 뜻을 두고 있는 독재자 계씨를 신랄하게 공격하면서, 독재자를 돕고 있는 문도 염유冉有와 계로季路에게 '너희들도 책임을 면할 수 없다'고 꾸짖었다. 지금 우리는 남북으로 나라가 분단되어 있고, 국론과 민심은 갈기갈기 찢겨져 사분오열四分五裂의 와중에 있다. 공부자가 말한 '분붕이석分崩離析'이고 '불균不均'과 '불안不安', 그리고 '원인불복遠人不服'은 고사하고, 나라 안 백성들조차 타국으로 이민코자 하는 마음이 팽배해 있는 실정이다. 사정이 이러함에도 불구하고 오늘의 현실을 평하여 발전되고 진보된 시대로 강변할 수 있는가. 경제적으로 발전한 것은 사실이지만, 한쪽에서는 부의 불균형으로 위험한 지경에 처해 있고, 다른 한편에서는 완벽하게 균등한 빈궁의 늪에 빠져 하나같이 불행한 생활을 하고 있는 실정이 아닌가.

모든 백성이 골고루 가난하면 문제가 없다는 공부자의 올바른 주장도, 계씨 같은 독재자가 전 국민을 가난하게 만들어 비교할 대상을 원천적으로 배제시켜 놓고 안심하고 있는 사실도 매우 위태롭다. 왜냐하면 요즘의 백성들은 그들이 살고 있는 나라 안의 사람들과 비교하는 데 그치지 않고, 인접 국가나 먼 나라 국민들의 생활과도 비교하기 때문에, '개균蓋均이면 무빈無貧'* 이라는 생각을 갖는다는 것도 이제는 통하지 않는다.

'국가존망지추國家存亡之秋'라는 말이 있는데, 나라가 존재하느냐 망하느냐 하는 절체절명의 위기에 처해 있다는 뜻이다. 필자는 오늘의 우리 조국을 일러 이렇게 진단코자 한다. 우리가 가장 불행한 시기라고 알고 있는 일제강점기에도 조국은 통일 상태에 있었지 않았던가. 그러나 오늘의 상황은 설상가상으로 분단이 지속되건 말건, 오천 년간 지속되어온 민족의 정통성과 정체성이 소멸되거나 말거나, 물질적 풍요만 누리면 된다는 인식이 만백성에게 퍼져나가고 있는 것이 사실인 터에, 우리 민족이 일찍이 가져보지 못한 위기의 시대에 살고 있다고 필자가 진단한 것은 결코 무리가 아닐 것이다.

* 모두가 가난하면 빈곤을 느끼지 않음.

齊景公, 有馬千駟, 死之日, 民無德而稱焉, 伯夷叔齊, 餓于首陽之下, 民到于今稱之, 其斯之謂與.

제나라 경공이 말 사천 마리를 가질 정도로 부귀공명富貴功名을 누렸지만, 죽고 난 후 사람들이 덕인德人이라고 일컫지 않았는 데 반해, 백이·숙제는 수양산에서 굶어죽었는데도 불구하고 지금까지 칭송되고 있다는 지적은 이를 두고 말한 것이다. (「季氏」12章)

위에 인용한 「계씨」편의 12장은 착간錯簡과 궐오闕誤가 많다고 알려져 있다. '기사지위여其斯之謂與'는 「안연顔淵」편에 "진실로 부귀 때문이 아니라 오로지 남과 달랐기 때문이다誠不以富, 亦祇以異也" 하는 구절 앞에 놓일 문장이 착간된 것이고, 또 이 12장의 앞머리에는 "공자왈孔子曰"이 궐오된 것이라고 했다. 그리고 『십삼경주소十三經注疏』의 『논어』 부분에는 고려본高麗本 『논어』가 교감의 중요한 자료로 줄곧 거론되는 것이 흥미를 끈다. '민무덕民無德'의 경우도 고려본『논어』에는 '덕德'이 '득得'으로 되어 있는데, 문리로 봐서 '덕'이라야 한다고 언급되고 있다.

지금부터 2600여 년 전 공부자 시대에 부귀와 권력을 마음껏 휘둘렀던 제나라 경공景公도 죽음과 더불어 즉각 폄하되었고, 반대로 절의를 지키며 살다가 아사한 백이·숙제가 칭송되었다는 사실에서, 진리와 정의는 그 생명이 영원함을 새삼 확인하게 한다. 지금 우리는 제나라의 실력자 경공은 기억하지 못하지만, 백이·숙제는 아직도 확실하게 알고 있을 뿐 아니라 앞으로도 영원토록 이 점은 변함이 없을 것이다. 16세기 이 퇴계李退溪 이 율곡李栗谷의 이름은 우리들이 경건한 마음으로 소중하게 간직하고 있는 데 반해, 퇴계와 율곡이 살았던 시대의 권력가인 영의정·좌의정·우의정이 누구인지 알지도 못하고 있으며, 또 이를 알려고 하지도 않고 있다. 뿐만 아니라 퇴계·율곡 시대의 돈 많은 부자나 실력 있는 호족들도 있었겠지만, 이들 인물 역시 역사의 무덤 속에 영원히 묻혔을 따름임을 상기할 때, 인류사 진행의 근간이 되는 축은 항상 불변임을 새삼 느끼게 한다. 우리가 살고 있는 이 시대에도 도처에 살아 있는 백이·숙제 같은 인물들을 오히려 비웃고 있을 뿐 아니라 그도 모자라 바보 취급까지 하고 있는 데 반해, 제나라 경공 같은 권력자나 부호들은 우러러보고 이들 주변에 줄을 서거나 또는 벌 떼처럼 모여서 교언영색을 일삼고 있는 점을 두고 다함께 반성하고 부끄러워하자고 필자는 제언하고 싶다.

孔子曰, "君子有三戒, 少之時, 血氣未定, 戒之在色, 及其壯也, 血氣方剛, 戒之在鬪, 及其老也, 血氣旣衰, 戒之在得."

공부자께서 말씀하셨다.
"군자는 세 가지를 경계해야 하는 바, 젊어서는 혈기가 안정되지 않았으므로 여색을 경계해야 하고, 장성해서는 혈기가 바야흐로 왕성하기 때문에 투쟁을 조심해야 하며, 늙어서는 혈기가 쇠잔된 까닭으로 물질적 탐욕을 경계해야 한다." (「季氏」 7章)

소년과 장년 그리고 노년에 이르는 인간의 보편적 생애에 대한 문제점을 정확하게 적출하여, 그 해당 기간에 주의할 사항을 공부자는 말하고 있다. 10대·20대·30대의 혈기는 이성으로 제어가 불가능할 정도로 폭발적이다. 이 무렵을 일러 서양에서도 질풍노도疾風怒濤의 시대라고 할 정도로 정감이 미정된 상태이다. 그러므로 공부자는 이 시기에 특히 여색에 주의할 것을 당부한 것이다. 인간이 지구의 주인이 된 이유는 이처럼 왕성한 혈기를 바탕으로 한 생식력과 관계가 있다. 생식력이 떨어진 민족은 서서히 쇠퇴하여 종국에는 소멸된다. 현재 지구상에서 활약하고 있는 모든 민족의 장래도 경제력이나 군사력 또는 문화력만으로 평가할 것이 아니라, 이들 제반 힘의 바탕이 되는 생식력 정도에 따라 가늠하는 것이 더욱 정확한 평결일 수 있다. 40대·50대의 장년기에는 혈기가 일정한 모습으로 정해지고 바야흐로 박진감 넘치는 추진력이 왕성한 기간으로서 성취욕이 절정에 도달해 있는 연륜이다. 그리하여 정해진 목표를 달성하기 위하여 물불을 가리지 않고 돌진하기 때문에 남과의 투쟁을 조심해야 할 것은 당연하다.

60대를 지나 70·80대에 이르면 혈기가 쇠잔해져 오직 가치 있다고 여기는 것은, 현실적 이익과 물질적 풍요와 안락이고, 이를 집요하게 추구하고자 하는 경향이 있다. 삶의 목적을 이 같은 현실적인 것에 둘 경우, 정의나 신의와 같은 이상적인 것에는 다소 멀어지게 마련이다. 노탐老貪이라는 말이 생긴 것은 이 같은 이유에서이다. 노년에 이른 모든 사람이 이와 같다는 것은 아니고, 사람에 따라서는 인격적으로 더욱 원숙해지고 훌륭해지는 경우도 허다하다. 그러나 현실은 노인의 경우 남아 있는 미래가 젊은 사람보다 매우 제한되어 있기 때문에, 현재 위주로 생각하고 행동하고자 하는 것은 어찌 보면 당연하다 하겠다. 공부자는 아마도 이 장절을 통하여 특히 노년의 탐욕에 대해서 경계할 것을 강조했다고 필자는 인식하고 싶다.

17. 난세를 살아가는 방법 - 「양화陽貨」

『논어』 제17 「양화陽貨」편은 26장으로 짜여져 있다. 한대漢代의 석경石經 역시 26장으로 분류했지만, 위魏나라의 하안何晏*은 2장과 3장 그리고 9장과 10장을 합쳐서 각각 한 장으로 보아 24장으로 나누었다. 『논어』의 편자는 여타의 편장과 마찬가지로 첫머리에 나오는 '양화'라는 인물을 취해서 편장의 명칭으로 삼았다. 공부자가 직접 논술한 부분이 16장이고, 공부자가 계씨季氏의 가신家臣 및 제자들과 나눈 대화가 9장이며, 유비孺悲가 공부자를 알현코자 한 내용 한 장 등으로 구성되었다.

전편인 「계씨」가 대부의 악행에 대해서 말했다면, 「양화」편은 가신의 난행亂行에 관해서 비판한 것이다. '예악禮樂'의 본말이 전도되고 '존비尊卑'의 질서가 와해된 난세를 개탄한 내용으로서, 권력을 잡아서는 안되는 일개 가신의 횡포를 부각시켜 편장을 엮어나간 『논어』 편자들의 의중이 엿보인다. 가신 양화의 횡포로 편장을 시작하여, "나이 40이

* 하안(何晏) : ?~249 중국 삼국시대 위魏나라의 관리·학자. 자는 평숙平叔. 그가 왕필王弼과 주고받은 청담淸談은 일세를 풍미하였고, 그 뒤 '정시正始의 음音'으로 일컬어져 청담의 모범이 됨. 『논어집해論語集解』의 대표 편집자임.

될 때까지 인격을 닦지 못하고 남에게 미움을 받는다면, 한 인간의 생애는 실패한 것이다(年四十而見惡焉, 其終也已)"하는 경고로 마무리했다.

「양화」편은 첫째, 교육의 중요성을 말하고 임기응변의 기지도 필요하지만, 원칙을 지켜서 참역僭逆에는 단호하게 대처할 것을 강조했다. 다음은 '시교詩敎'를 특히 중시하여 정감을 도야하여 사군事君과 사부事父를 절도 있게 해야 하며, 예악의 근본을 지켜서 제가齊家와 치국治國 그리고 평천하平天下를 해야 한다고 했다. 셋째로 풍속이 날로 퇴락하여 학풍이 부정해졌고, 고위직에 있는 자들은 표리가 부동하고, 소위 지방 호족인 향원鄕原들이 자신의 이익을 위해 도처에서 악행을 일삼음을 탄식했다. 넷째로 덕을 닦고 만용을 억제해야 하며 삼년상을 지키도록 당부하면서, 아울러 지도자는 천하에 인정仁政을 베풀 것을 천명했다.

公山弗擾以費畔, 召, 子欲往.
子路不說, 曰, "末之也已. 何必公山氏之之也?"
子曰, "夫召我者而豈徒哉. 如有用我者, 吾其爲東周乎."

　공산불요가 비에서 반란을 일으킨 후 공부자를 부르자 공부자께서 가시려고 했다.
　자로가 불쾌하게 여기며, "가지 마십시오. 하필 무도한 공산씨에게 왜 가시려 하십니까?" 하였다.
　공부자께서 말씀하셨다. "그가 나를 부를 때는 까닭이 있을 것이다. 만일 나를 등용하는 사람이 있다면, 나는 그 나라를 동주東周로 만들겠다."

(「陽貨」5章)

佛肸, 召, 子欲往.

子路曰, "昔者, 由也聞諸夫子曰, '親於其身, 爲不善者. 君子不入也.' 佛肸以中牟畔, 子之往也, 如之何?"
子曰, "然. 有是言也. 不曰'堅乎, 磨而不磷?' 不曰'白乎, 涅而不緇?' 吾豈匏瓜也哉? 焉能繫而不食?"

필힐이 공부자를 부르자 공부자께서 가시려고 했다.
자로가 말하길, "전에 제가 부자께서 하신 말씀 중에서, '스스로 옳지 못한 무리들 가운데 들지 않는다' 하신 것을 기억하고 있습니다. 지금 필힐은 중모에서 모반했는데도 불구하고 부자께서 가시고자 하니 무슨 이유입니까?"
공부자께서 말씀하셨다. "그렇다. 내가 그처럼 말한 바 있다. 그러나 갈아도 닳지 않으니 단단하다고 말할 수 있고, 물들여도 검어지지 않으니 희다고 어찌 말하지 못하겠는가? 나는 박이 아닐진대 어찌 지엽에 매달려 쓸모 없는 존재로만 머물러 있어야 하는가?" (「陽貨」 7章)

공부자는 당신의 이상을 실천하기 위해 권도權道도 필요하다고 인식했다. 노나라 계씨의 가신인 '공산불요'나 진晉나라 조간자趙簡子의 가신 '필힐'은 주공主公에게 반란을 일으켜 권력을 장악한 하극상의 대표적 인물이다. 비록 정당한 방법으로 권력을 획득한 인물이 아닐지라도, 필요하면 이들과 제휴하여 왕도王道를 실천할 수도 있다고 공부자는 생각했다. 공부자의 현실주의적 면모를 접할 수 있는 부분이다. 그러나 공부자는 단단한 돌은 갈아도 닳지 않고, 진실로 흰 것은 물들여도 검어지지 않는 것처럼, 당신은 어디에 가 있어도 추호도 오염되지 않고 가진 바의 경륜을 펼 수 있다고 확신했다. 공부자는 박넝쿨에 달린 박처럼 평생을 협소한 곳에서 고식적으로 보낼 것이 아니라, 넓은 사회로 나가서 활동하는 것이 마땅하고, 그러기 위해서는 당대의 실력자들과 때로는 제휴할 필요가 있다고 주장했다.

공부자의 이 같은 견해는 후세 유가들이 패도覇道로 권력을 잡은 실력자들 휘하에 들어가 벼슬하는 구실을 주기도 했다. 공산불요와 필힐은 계씨와 조간자의 가신으로서 주인을 배반하고 실권을 장악한 인물들이다. 진말秦末 난세에 진승陳勝과 오광吳廣이 "왕王·후候·장군·재상이 될 사람의 씨가 따로 있느냐?(王侯將相寧有種乎)" 하고 외친 적이 있다. 신분은 고정된 것이 아니라 변화할 수도 있고, 그래야만 사회가 발전한다는 논리가 근저에 깔려 있는 구호이다. 그러나 급격한 신분의 변화는 국가의 질서를 와해시키는 독소로 작용하는 예도 없잖아 있다. 공부자는 신분의 고정을 덕목으로 삼았지만, 신분이 지닌 불합리한 점까지 인정한 분은 아니었다.

공손불요와 필힐 같은 가신은 지금도 존재하고 앞으로도 존속할 것이다. 신분과 계급은 인간의 피할 수 없는 숙명일까. 신분이 파괴되고 계급이 없어졌다고 구가謳歌하기가 무섭게, 어느새 새로운 신분과 계급이 그럴 듯한 용어로 분식粉飾되어 나타나서 백성 위에 군림했고, 또 하고 있는 예를 우리는 역사 속에서 수없이 보아왔다. 그럼에도 불구하고 신분의 고하와 계급이 없는 사회가 도래해야 한다는 신념을 버리지 못하는 것이 또한 인간이다. 권력자들의 가신과 폭력조직 우두머리의 가신과 화식자貨殖者들의 가신이 진실로 소멸된 것인지 되묻고 싶고, 이를 지칭하는 명칭이 바뀌었다고 해서 가신이 없어졌다고 느끼는 우愚를 범해서는 안 될 것이다. 왜냐하면 있는 것을 있다고 인정한 이후라야만 그 폐해를 치유할 수 있기 때문이다.

子曰, "禮云禮云, 玉帛云乎哉? 樂云樂云, 鐘鼓云乎哉?"

공부자께서 말씀하셨다.
"예라고 하는 것이 옥과 비단만을 지칭한 것이며, 악이라고 하는 것이 종 치고 북 치는 것만을 말하는 것이겠느냐?"(「陽貨」11章)

子曰, "色厲而內荏, 譬諸小人, 其猶穿窬之盜也與."

공부자께서 말씀하셨다.
"겉으로 위엄을 떨면서 내심으로는 유약한 사람을 소인에다 비유한다면, 벽을 뚫고 담을 뛰어넘는 도적과 같다."(「陽貨」12章)

子曰, "鄕原, 德之賊也."

공부자께서 말씀하셨다.
"천박한 무리들로부터 근엄하다고 평가되는 지역의 인사는 덕을 해치는 도적과 같다."(「陽貨」13章)

子曰, "道聽而塗說, 德之棄也."

공부자께서 말씀하셨다.
"길가에서 듣고 그것을 길가에서 떠벌리는 것은 덕을 버리는 것이다."
(「陽貨」14章)

子曰, "鄙夫可與事君也哉. 其未得之也, 患得之, 旣得之, 患失之, 苟患失之, 無所不至矣."

공부자께서 말씀하셨다.
"비루한 사람과 더불어 임금을 섬길 수 없다. 명예나 이득을 얻지 못하면 그것을 얻으려 하고, 얻고 난 다음에는 잃을까 두려워하고, 잃을까 두려워하면 그것을 지키기 위해 수단과 방법을 가리지 않기 때문이다."

(「陽貨」15章)

子曰, "惡紫之奪朱也, 惡鄭聲之亂雅樂也, 惡利口之覆邦家者."

공부자께서 말씀하셨다.
"간색間色인 자주색이 정색正色인 주색朱色을 가려 없애는 것을 증오하고, 음란한 정음鄭音이 고아한 아악雅樂을 어지럽히는 것을 미워하고, 입빠른 자의 감언이설甘言利說이 나라를 전복시키는 것을 미워한다." (「陽貨」18章)

공부자는 당신 시대의 형식에 치우친 예악을 냉엄하게 비판했다. 공부자를 일컬어 기원전 6세기경의 진보주의자였다는 평가가 이래서 가능한 것이다. 예악을 존숭한 공부자이지만, 예악이 그 본질적 의미를 상실했다면, 과감히 이를 버릴 수도 있다는 주장이다. 예악은 서양의 이데올로기나 종교가 들어오기 전에, 동아시아의 통치 이데올로기와 종교 및 문화 그 자체였다. 공부자 시대에도 이미 예악은 지엽말단으로 흘러 백성들에게 폐해를 주는 예가 허다했던 것 같다.

공부자는 표리가 부동한 인간들을 비루한 소인배들에게 비유한다면, 남의 물건을 훔치는 도적에 대비시키는 것이 마땅하다고 단정했다. 소위 겉 다르고 속 다른 인물들은 예나 지금이나 미래에도 존재할 것이지만, 양식 있는 사람들이 이들의 사악한 이중성을 간파하고 대처할 것을 공부자는 당부했다.

공부자가 경계한 것은 이중인격자뿐만 아니라 지역을 기반으로 세력을 키운 인물들, 신라 말엽에는 이들을 일러 지방호족이라 칭했고, 왕태조王太祖도 그 가운데 한 분이다. 그 무렵의 지방호족은 공부자가 지칭한 향원보다는 격이 높은 분들이었기 때문에, 통일의 위업을 달성하여 민족국가를 중흥시킬 수 있었다. 그러나 통시적으로 존재했던 향원은 국가와 민족을 자신들의 이익을 추구하는 도구나 방법으로 생각하여 민족사와 미풍양속을 후퇴시키는 악행을 자행하는 것이 다반사였다.

  공부자는 길가에서 듣고 길가에서 말하는 따위나, 진실이 담기지 않은 언어의 희롱을 질책했다. 말은 진실을 전달하는 것이어야 함에도 불구하고, 이와는 달리 말하는 자의 이익을 얻기 위한 수단으로 전락한 점을 공부자는 통탄했다. 우리가 살고 있는 오늘의 상황을 일러, 도청도설道聽塗說의 시대라고 규정해도 무리가 없다. 경향京鄕 각지의 언론매체들은 대부분 도청도설을 대서특필하고 있는 것이 아닌지 반문하고 싶다.

  공부자는 비루한 인간들과 더불어 국정을 함께 도모해서 안 된다고 했다. 비부鄙夫들이 추구하는 것은 개인적인 명예와 이익인데, 이를 얻기 위해 인간이 할 수 있는 모든 나쁜 방법을 총동원해서 얻으려 하고, 얻은 다음에는 잃지 않기 위해 온갖 간사하고 잔혹한 짓을 서슴없이 자행하여 기득권을 계속 누리려 하기 때문으로 공부자는 진단했다. 인간의 정감과 사회상은 시간이 흘러간다고 해서 본질적으로 변하는 것인가, 하는 의문을 새삼 제기하게 된다. 공부자가 살았던 시대나 지금이 무엇이 달라졌는지 필자는 알 수가 없다. 비부는 지금도 있고 기득권을 잃지 않으려는 무리들은 지금도 '위불선爲不善이 무소부지無所不至'*가 아닌가.

색채에는 정색과 간색間色이 있다. 색체는 방향을 표시하기도 한다. 좌청룡左靑龍·우백호右白虎·남주작南朱雀·북현무北玄武 등은 이를 말하고, 동서남북 역시 여기에 비정된다. 중앙의 색은 황색이다. 중국은 지구의 중앙에 있다고 자부하면서 황색을 저들의 국색으로 삼고, 우리에게는 동방에 위치하고 있으니 청색을 국색의 상징으로 사용하라고 했다. 조선조 왕들의 곤룡포는 고종태황제高宗太皇帝를 제외하고는 모두 홍색이었다. 홍색은 남방의 간색이다. 간색은 녹綠·홍紅·벽碧·자紫·유황騮黃 등 다섯 가지 색이다. 예로부터 간색은 부정색不正色이라 했는데, 이 경우 부정은 방향의 정향이 아니라는 의미이다. 주색이 자색을 통괄해야 하고, 아악이 음악淫樂을 거느려야 함에도 불구하고, 난세에 이르자 정색이 간색에게 침윤되고, 아악이 정성鄭聲* 같은 음악淫樂에 오염되는 현실을, 공부자는 미워할 정도가 아니라 증오했다.

공부자는 「양화」편을 통하여 가치관이 전도되어 계세季世에 접어든 기원전 6세기 무렵의 중국 사회를 질타했다. 역사의 흐름은 성인도 막을 수 없었다는 사실은 동서고금의 사승史乘들이 말하고 있다. 공부자가 「양화」편을 통하여 전하고자 했던 정론正論이 지금도 절실하게 느껴지는 것은, 우리가 살고 있는 오늘날 음악淫樂과 간색이 아악과 정색을 무색하게 하고 있기 때문이다.

* 나쁜 짓을 함에 미치지 않는 곳이 없음.
* 정성(鄭聲) : 춘추시대 정鄭나라에서 유행한 음악으로 아주 음탕하다 함. 그 때문에 공자가 '정성'을 아주 싫어했다 함.

18. 방자한 영도자에 대한 경고 – 「미자微子」

「미자微子」편은 11장으로 구성되어 있다. 「양화陽貨」편 다음에 「미자」편이 배치된 것은 우연이 아니다. 「양화」편의 주제를 '비부정치鄙夫政治'에 대한 공부자의 준열한 비판으로 인정한다면, 「미자」편은 '군자정치君子政治'로 나아가기 위해서 취해야 할 조처에 대해 말한 것으로 볼 수 있다. 비부가 정권을 장악하면 인인仁人 군자들이 강호로 은둔하고, 군자가 집권하면 현인들이 등장하여 국가를 흥융興隆하게 한다. 「미자」편은 '자왈子曰'로 시작되는 장절이 없고 거의가 '공자왈孔子曰'로 되어 있고 문장 가운데 '자왈'이 약간 있으며, 공부자의 행동이나 주변 인물들의 단편적 기술이 주조를 이루고 있다. 이 가운데 공부자의 행동을 기록한 것이 두 장이고, 공부자의 사상과 행동에 관련된 사람들과 사건들을 언급한 것이 아홉 장이다. 「미자」편은 '은유삼인殷有三人'으로 시작하여 '주유팔사周有八士'로 종결지었다. 은나라는 망국亡國이고 주나라는 당시에 있어서 흥왕興旺하는 신흥 국가였다. 그러므로 「미자」편은 망국주亡國主와 개국주開國主에 대한 충고와 경고이기도 하다.

주나라가 은나라를 멸하고 일어선 것은 '팔사八士' 같은 현자를 얻었기 때문이고, 은나라가 망한 것은 현자인 '삼인三仁'을 버렸기 때문이라고 『논어』의 편자는 결론지었다. 천하에 정의가 실현되면 인재들이 모인다. 주나라는 초기에 주공周公 같은 성인이 나와서 현자를 우대했지만, 이들에게 모든 점을 갖추기를 기대하지 않았다. 세상에 모든 분야를 통달하는 사람이 없다는 것을 인정하고, 사소한 부족과 과오는 불문에 붙였다. 그러므로 등용된 현자는 오랫동안 그 자리에 있어서 국가를 경영할 수 있었다. 이와 반대로 천하가 무도하면 인재들이 산지사방散之四方하여 혹은 나라를 떠나고 혹은 죽음을 당하고 혹은 초야에 숨거나 아니면 실의하여 세상을 떠돌아다닌다고 했다. 공부자는 당신이 생존했던 시기를 난세로 보았기 때문에 은자를 존중했지만, 세상을 버리고 은둔하여 결신난륜潔身亂倫하는 사람과 이 같은 사회 풍조에 대해서는 명확하게 반대했다.

微子去之, 箕子爲之奴, 比干諫而死.
孔子曰, "殷有三仁焉."

미자는 떠나가고 기자는 종이 되고 비간은 간하다가 죽었다.
공부자께서 말씀하셨다. "은나라에는 세 어진이가 있었다."(「微子」1章)

齊人歸女樂.
季桓子受之, 三日不朝, 孔子行.

제나라 사람이 여악女樂을 보냈다.

계환자季桓子가 이를 받아 삼 일 동안 조회를 하지 않았는데, 공부자는 노나라를 떠났다.(「微子」 4章)

은나라의 마지막 왕인 주왕紂王이 황음무도荒淫無道하여 구제할 수 없음을 간파한 서형庶兄 미자微子(이름은 계啓)는 장자로서 종묘사직을 보호해야 하겠다고 생각하고 주조周에 귀순했다. 주왕은 미자와 동모형제同母兄弟이지만, 그의 어머니가 첩에서 처로 된 이후에 그를 출생했기 때문에 왕위를 계승하게 되었다. 주왕의 아버지는 미자를 태자로 삼고 싶었지만, 법규에 국촉되어 주왕에게 왕위가 돌아갔다. 결국 은나라는 미자 같은 현자를 보위에 앉히지 못한 이유로 해서 나라를 잃게 된 것이다. 주왕의 숙부인 기자箕子(이름은 서여胥餘)는 거짓 미친 척하고 노예로서의 봉욕을 감수하여 생명을 보전했다. 비간은 주왕에게 극간하다가, 주왕이 격노하여 성인의 심장에는 일곱 개의 구멍이 있다고 들었다면서 비간을 죽여서 그 심장을 보았다. 공부자는 미자와 기자 그리고 비간이 은나라의 왕족으로서 조국을 지키기 위해 각기 다른 방법으로 주왕에게 충성을 바쳤지만, 망국의 왕은 끝내 이들을 수용하지 않았다. 공부자는 이들 은말의 현자를 평하여 '삼인三仁'이라 했다.

여기서 우리는 공부자의 인仁의 개념이 복합적임을 다시 확인할 수 있다. 즉 비간 같은 살신성인殺身成仁의 강렬한 의지와, 미자처럼 종묘사직을 지키기 위해 주조周朝에 타협하는 관용과, 기자가 주왕에게 취한 굴욕적인 행동도 대도를 실천하기 위해서라면 인일 수 있음을 공부자는 천명했다. 만일 은말의 이들 삼인을 주왕이 등용하여 국정을 맡겼다면 은조는 망하지 않았을 것이라는 아쉬움을 공부자가 토로한 것처럼 생각된다.

공부자가 노나라의 사구司寇가 되어 가진 바의 재능을 발휘하자 노나라는 부흥하기 시작했다. 이를 두려워한 인접국인 제齊나라가 미인계를 써서 노나라를 황폐하게 만들기 위해 악무를 잘하는 미녀 80명을 선발한 후 문마文馬 120필과 함께 노나라에 보냈다. 노나라에 간 이들 가희歌姬와 무녀舞女들은 노성魯城의 남문 밖에서 강악康樂을 연희했다. 계환자는 군신과 더불어 미복으로 여러 차례 남문에 가서 이를 관람하느라 정사를 게을리하여 조회를 세 번이나 거르기도 했다. 이를 지켜본 자로가 노나라를 떠날 것을 진언하자, 공부자는 자로의 말을 좇아 노나라를 떠났는데, 이때 공부자의 나이는 56세였다. 은나라가 '삼인'을 버렸기 때문에 나라를 잃었던 것처럼, 노나라가 성인 공부자를 등용하지 못했던 까닭으로 쇠망의 길로 접어들었다는 점을, 『논어』의 편찬자들은 다음의 장절을 통하여 말하고자 했다.

楚狂接輿歌而過孔子曰, "鳳兮鳳兮! 何德之衰! 往者不可諫, 來者猶可追. 已而已而, 今之從政者殆而."
孔子下, 欲與之言, 趨而辟(避)之, 不得與之言.

초의 광인 접여가 공자 앞을 지나며 노래했다. "봉이여! 봉이여! 어찌 덕이 그리도 쇠했나! 지난 일은 그만두고 앞일은 제대로 챙길지어다, 그만두어라 그만두어라, 오늘날 정치인들은 위험에 빠져 있다."
공부자께서 수레에서 내려 함께 이야기하려 했지만, 빠른 걸음으로 피해서 대화를 나누지 못했다. (「微子」5章)

長沮桀溺, 耦而耕. 孔子過之, 使子路問津焉.

長沮曰, "夫執輿者爲誰?"

子路曰, "爲孔丘."

曰, "是魯孔丘與?"

曰, "是也."

曰, "是知津矣."

장저와 걸닉이 함께 밭을 갈고 있었을 때, 공부자가 지나가다가 자로를 시켜 나루를 묻게 했다.
장저가 물었다.
"수레고삐를 잡은 자가 누구냐?"
자로가 대답했다.
"공구입니다."
"이 사람이 바로 노나라의 공구냐?"
"네, 그렇습니다."
"그가 나루를 알 것이다." (「微子」 6장)

子路從而後. 遇丈人以杖荷蓧, 子路問曰, "子見夫子乎?"

丈人曰, "四體不勤, 五穀不分, 孰爲夫子?" 植其杖而芸.

자로가 수행하다가 뒤쳐졌다. 마침 지팡이를 짚고 대바구니를 멘 장인을 만나서, "어르신께서는 공부자를 보셨습니까?" 하고 물었다.
장인이 "사체가 멀쩡한데 일하지 않고 오곡도 분별하지 못하는 사람을 어찌 부자라 할 수 있겠느냐?" 하며 지팡이를 꽂아놓고 김을 매었다.

(「微子」 7장)

「미자」편에는 공부자와 정반대 되는 인물들이 많이 등장한다.『논어』의 편자들에게는 이들 은자군隱者群을 내세워 공부자의 진면목을 부각코자하는 의도가 있었다. 미자, 기자, 비간, 접여接輿, 장저長沮, 걸닉桀溺, 하조장인荷蓧丈人, 백이伯夷, 숙제叔齊, 우중虞仲, 이일夷逸, 주장朱張, 유하혜柳下惠, 소련少連 등 은말주초殷末周初의 은자와 일민逸民들을 내세워 공부자가 이들을 평가하는 내용으로 편장을 엮었다. 이 편장에서 주목되는 것은 편자들이 공부자를 맹목적으로 신성시하지 않고, 당시에 공부자에 대한 부정적인 견해를 가감 없이 채록했다는 점이다.

접여는 육통陸通이라 알려져 있지만 단정하기는 어렵다. 여하튼 그가 공부자 앞을 지나면서 권위를 실추해가는 공부자의 위상을 빗대는 내용의 노래를 부르면서 당시의 정치가들이 모두 위험에 빠져 있다고 한 노랫말은 인상적이다. 접여는 경륜을 펴기 위하여 초나라로 가는 공부자에게 이제 모든 것을 포기하고 은거하라고 권고했다. 공부자를 봉鳳에 비유한 것은 은자인 접여도 공부자의 덕을 인정했기 때문이다.

장저와 걸닉이 함께 밭을 갈고 있는 곳을 지나면서 자로를 시켜 나루터를 알아오라고 했다. 장저가 당시 도도한 현실을 감안할 때 도저히 실천이 불가능한 이상을 지닌 공부자를 딱하게 여기면서 한편으로는 다소 비아냥거리는 어조로 고삐를 쥔 사람이 누구냐고 알면서도 물었다. 자로가 공부자라고 대꾸하자, 장저는 바로 저 사람이 그 유명한 "공구孔丘이냐"고 직접 이름을 부르며, "천하를 수없이 주유周遊한 인물인데 나루터를 모를 까닭이 없다"고 응수했다. 자로가 다시 함께 있는 걸닉桀溺에게 묻자, 피인避人을 하지 말고 아예 현실을 제대로 직시하고 피세避世하라고 충고했다. 사회 전체가 혼란하여 난세인데, 현실에 존재하지 않는 훌륭한 군주를 찾아다녀 봤자 헛수고일 따름이라고 걸닉은 인식한 것이다. 이에 대해 공부자는 "새와 짐승의 무리가 되어 은둔하는 사람들과는 함께할 수 없다"고 단언했다.

장저와 걸닉은 공부자의 인격은 긍정했지만, 결국 가슴에 품은 웅대한 경륜을 펴지 못하고 실패할 것을 예견하고 있었다. 후한 말 유비劉備에게 삼고초려三顧草廬의 예우를 받고 출사한 제갈량諸葛亮을 두고, 제갈량의 벗이 "올바른 주공은 얻었으나 때는 얻지 못했구나" 했던 탄식이 문득 떠오른다. 장저와 걸닉은 기휘忌諱하지 않고 노나라의 '공구'라고 공부자를 칭했다. 당시 공부자는 제후들을 찾아 천하를 부질없이 여행하고 있다는 비판도 받고 있었음을 알 수가 있다.

자로가 공부자를 모시고 가던 도중 뒤떨어졌다가 마침 지팡이를 짚고 대바구니를 멘 장인을 만나서 부자夫子(극존칭임)를 보았느냐고 묻자, 장인은 "체격이 멀쩡한데도 일하지 않고, 오곡도 분별하지 못하는 사람을 칭하여 어찌 부자로 칭할 수 있느냐?"고 반문한 후, 자로를 거들떠보지도 않고 잡초 뽑는 일을 계속했다. 공부자를 일러 '노인공구魯人孔丘' 또는 '노공구魯孔丘'라고 한 칭호는 존대어가 아니다. 『장자莊子』「잡편雜篇」'도척盜跖(전설적인 횡포한 도적)' 장에서 도척이 공부자를 일러 '노나라의 교위인巧僞人으로 밭 갈지 않고 밥 먹으며, 베 짜지 않고 옷 입으며, 망령되이 문무를 칭하며 무설繆說을 퍼뜨려 천하의 시비를 야기하면서, 제후에게 발탁되어 부귀를 누리려는 인물'이라고 혹평한 것과 관계가 있다. '도척장'의 이 같은 내용은 『논어』「미자」편에 제시된 당시 은자들의 견해를 터무니없이 확대 부연한 것이다. 『장자』「잡편」은 장자의 저술이 아니고 후세의 위작으로 알려져 있다. 공부자 시대에도 지식인들에 대한 일부의 부정적인 시각이 있었음을 이들 기록을 통하여 엿보게 된다. 『논어』의 편자들도 공부자에 대한 당시의 이 같은 부정적인 시각을 알리는 것이 필요하다는 인식에서 「미자」편을 편차했던 것 같다.

周公謂魯公曰, "君子不施其親, 不使大臣怨乎不以, 故舊無大故, 則不棄也, 無求備於一人."

주공이 노공에게 말하였다.
"군자는 친척을 버리지 않으며, 대신으로 하여금 써주지 않은 것을 원망치 않게 하며, 예로부터 알았던 사람을 특별한 잘못이 없으면 버려서 안 되며, 한 사람에게 모든 것을 갖추기를 기대하지 말아야 한다." (「微子」 10장)

周有八士, 伯達·伯适·仲突·仲忽·叔夜·叔夏·季隨·季騧.

주나라에 여덟 선비가 있었는데, 백달·백괄·중돌·중홀·숙야·숙하·계수·계와이다. (「微子」 11장)

주공이 봉지封地인 노나라로 떠나는 아들 백금伯禽에게 '군자정치君子 政治'를 하라고 당부하며 내려준 말이다. 친척을 버리지 말고 대신에게 직책을 주었으면 중대사를 위임하고, 특별한 잘못이 없으면 옛 친구를 버리지 말고, 한 사람에게 전지전능할 것을 기대하지 말라는 지극히 평범한 내용이다. 주공이 아들에게 일러준 이 같은 훈계는 노나라 사람들 사이에서 오랫동안 전승되었던 것 같고, 이를 공부자가 제자들과 더불어 말했던 것으로 추측된다. 고려본 『논어』에는 '주공위노공周公謂

魯公'에서 '위謂'가 '어語'로 되어 있다고 했다. 아들에게 남겨준 이런 말을 참작컨대, 주공은 매우 따뜻한 인간성을 지녔던 성인이었다.

　주나라에 '팔사八士'가 있었다는 것은, 은나라의 '삼인三仁'을 주왕紂王이 능히 쓰지 못하여 나라를 망하게 한 사실을 강조하는 데 초점이 있다. 은의 '삼인'과 주의 '팔사'로서 시작과 마무리를 한 「미자」편의 진의를 읽을 수 있다. 주나라 성왕成王(선왕宣王이라는 설도 있음)은 이들 여덟 명의 인재를 등용했기 때문에 주실周室이 반석 위에 올려졌다는 인식이 깔려 있는 장절이다. 팔사의 이름이 '백伯·중仲·숙叔·계季'로 둘씩 짝지어진 것은 윤씨尹氏의 네쌍둥이들이라는 설과 관계가 있다.

　『논어』「미자」편은 은자와 일민逸民을 등장시켜, 망해가는 은나라의 주왕과 흥왕하는 주나라의 성왕이, 삼인과 팔사를 여하히 대했는가를 말하고 있다. '삼인'을 쓰지 못했던 주왕과 공부자를 쓰지 못했던 노나라의 비극은, 현재와 미래에도 영도자의 귀감이 되어야 할 것이다.

19. 문도의 분열과 위상의 저하 - 「자장子張」

「자장子張」편은 공부자의 문인들의 말로 짜여져 있는 바, 공부자가 타계한 후 스승의 유교遺敎를 부연한 것으로 알려져 있다. 공부자보다 먼저 죽은 안연顔淵과 자로子路의 말은 수록되지 않았는 데 반해, 자하子夏의 말이 제일 많고 다음이 자공子貢이다. 문도 가운데 안연 다음에 자공이 영특했고, 증자曾子 다음에 자하만한 사람이 없었기 때문에 특별히 자세하게 채록했다고 주자는 평했다. 「자장」편은 전부 25장으로 구성되어 있는데, 자장이 논술한 것이 2장이고, 자하의 말이 11장이고, 자유子游의 말이 2장이며, 증자의 말이 4장, 자공 논술이 6장이다.

「자장」편은 '사행士行'과 '교우지도交友之道' 및 '위학지도爲學之道' 그리고 '효도孝道·신도臣道'와 '공부자의 성덕'을 기리는 내용으로 나눌 수 있다. 여기서 주목되는 것은 공부자의 사후 공부자가 일각에서 격하되고 있었다는 사실이다. 『논어』의 편자가 「자장」편에서 공부자의 특정 제자들의 언설을 엮어서 후미에 편차한 이유는, 그들이 적통임을 밝히고자 했던 것이 아닌가 한다. 이 편장에 수록된 '자장·자하·자유·증자·자공' 이외의 문도들이 당시에 이 사실을 알았다면 불쾌하게 여겼을 것이다. 공부자에게 수많은 제자들이 있었는데, 유독 이들 몇 사람만이 등장하는 까닭은, 그들이 가장 현저하고 탁월했기 때문이다. 그런데 여타의 문도들과 달리 유독 '증자'만이 존칭이 부여되었기 때문에, 『논어』 편찬이 주로 증자계의 문도들에 의해 주도되었다는 설의 근거가 되기도 했다. 공부자의 사후, 문도들은 서로가 스승 공부자의 의발衣鉢을 전수한 정통파임을 각각 주장하고 있었음을 「자장」편을 통하여 느낄 수 있다.

필자가 이 편장에서 특히 주목하고자 하는 것은 자공이 스승 공부자보다 현명하다는 내용이 되풀이되어 나왔다는 점이다. 이에 대해 자공이 구구한 변명을 했지만, 자공의 직계 제자들은 은근히 이를 강조하고자 했던 것은 아닌지 의심된다. 경우에 따라 지엽적인 지식은 자공이 더 많았을 수도 있었겠지만, 그것은 '지식'과 '예지'의 차이로서 자공이 공부자를 뛰어넘을 수는 없다. 「미자微子」편이 공부자가 생존시에 은자들로부터 비판을 당한 내용을 적었다면, 「자장」편은 공부자 사후에 격하당한 단면들을 제시했다. 『논어』 말미에 공부자에 관한 당대의 일부 부정적인 인식의 일단을 첨부시킨 것은, 성인들을 일방적으로 신격화시키는 서양과 달리 동양의 객관적 사유의 한 국면을 보는 듯하다.

子張曰, "士見危致命, 見得思義, 祭思敬, 喪思哀, 其可已矣."

자장이 말하였다.
"선비는 위기를 당하면 목숨을 바쳐야 하고, 이득이 생기면 그것이 정의로운 것인지를 생각해야 하고, 제사를 지낼 때는 공경심을 가져야 하며,

상사에는 애통한 마음으로 임하면, 대체로 족하다."(「子張」1章)

子夏之門人, 問交於子張, 子張曰, "子夏云何?"
對曰 : "子夏曰 '可者與之, 其不可者拒之.'"
子張曰, "異乎吾所聞. 君子尊賢而容衆, 嘉善而矜不能. 我之大賢與, 於人何所不容, 我之不賢與, 人將拒我, 如之何其拒人也?"

  자공의 문인이 자장에게 벗 사귀는 것에 대해 묻자, 자장이 이르기를, "자하는 무어라 하던가?" 하였다.
  그러자 대꾸하여 말하기를, "좋은 친구는 사귀고 그렇지 못한 자는 거절하라 했습니다" 하였다.
  자장이 말하였다. "내가 듣던 바와는 다르다. 군자는 현자를 존중하고 대중을 포용해야 하며, 선한 자를 가상하게 여기고 능력이 없는 사람은 불쌍하게 여겨야 한다. 내가 크게 현명하다면 누구인들 수용하지 못할 것이며, 내가 어질지 못할 경우 남들이 나를 거부하고 말 것인데, 어떻게 남을 물리칠 수 있겠는가?"(「子張」3章)

  형병邢昺은 선비(士)의 정의를, 덕을 갖춘 자로서 경대부 이하의 지식인을 뜻하는 것으로 규정했다. 일찍이 공부자는 자장의 질문에, '선비는 위기를 당했을 때 목숨을 바쳐야 한다(見危授命)'고 교시教示한 바 있었는데, 자장이 이를 부연한 것이다. 이 경우 위기는 국가의 위기일 수도 있고, 또는 선비된 자가 개인적으로 정당한 일을 했음에도 불구하고 치욕을 당했을 때, 구차하게 삶에 연연치 말고 목숨을 버릴지라도 정의를 지켜야 한다(舍生取義)는 것일 수도 있다. 선비의 덕목으로 자장은 '치명致命'과 '사의思義·사경思敬·사애思哀'를 거론했다. 자장이 제시한 이 같은 '사행士行'의 덕목은 지금도 유효하고 아마도 영원토록 유효할 것이다.

'교우지도交友之道(벗을 사귀는 도리)'에 대한 자장과 자하의 견해차를 부각시킨 『논어』 편자들의 숨겨진 의도는 무엇일까? 교우지도를 논의하면서, 사실은 두 사람의 국량 문제를 은근히 비교한 점이 관심을 끈다. 자장은 벗할 사람만 벗해야지 그렇지 못한 사람은 아예 사귀지 않아야 한다는 자하의 말을 두고, 이 같은 교유는 대현大賢이 취할 태도가 아니라고 했다. 자하의 문인이 교우지도에 대해서 자장에게 묻자, 자장이 자네들 스승인 자하는 어떻게 생각하느냐고 되묻는 태도도 단순하지 않다. 자장은 자하의 국량이 넓지 못하다고 생각하고, 남을 포용하지 못하는 협양狹量한 인물에게 많은 사람이 오지 않을 것이 당연하고, 그럴 경우 현賢·불초不肖를 가려서 선택할 입장이 못 되는 것이 아니냐고 자하를 간접적으로 평한 것 같다. 자장은 은근히 자신의 포용력을 과시하며, 못난 사람들도 사귀어서 그들을 선인善人으로 만들어야 한다고 주장했다. 어쩌면 자신이 자하보다 우위에 있음을 과시한 것인지도 모르겠다.

子夏曰, "君子有三變, 望之儼然, 卽之也溫, 聽其言也厲."

자하가 말하였다.
"군자는 세 가지로 다르게 나타나는데, 멀리서 보면 근엄하고 가까이서 보면 온화하고 그 말을 들으면 엄정하다." (「子張」 9章)

子夏曰, "君子信而後勞其民, 未信則以爲厲己也. 信而後諫, 未信則以爲謗己也."

자하가 말하였다.
"군자는 신임을 얻은 뒤에 백성을 부려야 하는데, 신임을 얻지 못한 상태에서 부리면 자신들을 괴롭힌다고 느끼기 때문이다. 신망을 얻은 뒤에 윗사람에게 간해야 하는데, 그렇지 못할 경우 자신을 비방하는 것으로 생각하기 때문이다." (「子張」10章)

군자는 입장에 따라 세 가지의 면모가 있다고 자하는 말했다. 멀리서 볼 때와 가까이서 접할 때와 그 말을 들을 때, 각각 상이한 모습이 있다고 했다. '엄연儼然·온溫·여厲'가 그것인데, '엄연'은 위엄과 관계가 있고, '온'은 인간다운 자애로움을 뜻하고, '여'는 엄격하고 방정하며 합리적인 언동言動을 지적했다. 군자와 달리 상인常人은 멀리서 보면 나태하고, 가까이서 보면 얼굴빛이 흉포하고, 언설은 거짓과 사악으로 넘쳐날 것이다.

자하는 계속하여 군자가 '사하使下(아랫사람을 부림)'와 '사상事上(윗사람을 섬김)'을 여하히 할 것인지를 언급했다. 군자가 '군상君上'이 되어 백성을 부리려면 먼저 신임을 얻어야 한다고 강조하고, 만일 신임을 얻지 못한 상황에서 통치할 경우, 백성들은 자신들을 학대한다고 여겨 반발한다. 반면 '인신人臣'이 되어 군상君上의 잘못을 간하고자 한다면, 먼저 신임을 획득한 이후에 가능하다고 했다. 신임을 얻지 못한 처지에서 간할 경우, 간언을 들은 통치자는 자신을 비방한다고 생각하고 배척하거나 억압할 것이 뻔하다. 이는 실로 인류가 존재하는 한 영원불변의 진리이다. 요즘의 지도자들은 백성의 신망은 조금도 얻지 못한 상태에서, 국가와 민족이 아닌 개인이나 가문 또는 휘하의 사사로운 집단의 이익을 챙기기 위하여, 오만불손하게 군림하면서 백성을 방약무인傍若無人으로 부리거나 부리려고만 하고 있으니, 국가와 사회가 점점 어려워질 것은 명약관화明若觀火하다.

子游曰, "子夏之門人小子, 當灑掃應對進退則可矣, 抑末也, 本之則無, 如之何?"
子夏聞之曰, "噫! 言游過矣. 君子之道, 孰先傳焉, 孰後倦焉?"

자유가 이르기를, "자하의 제자들은 물 뿌리고 청소하며 손님접대와 진퇴하는 예절 따위에는 능하지만, 이는 지엽에 불과한 일일 뿐 근본을 모르고 있으니 어찌하겠는가?" 했다.
자하가 이를 듣고 반박했다. "아! 언유言游(자유)의 말은 지나치다. 군자의 도에 어느 것을 우선이라 하여 전수하고, 어느 것을 뒤라고 하여 게을리하겠는가?" (「子張」 12章)

子游曰, "吾友張也, 爲難能也, 然而未仁."

자유가 말하였다.
"나의 벗 자장은 어려운 일은 잘 처리하지만 어질지는 못하다."
(「子張」 15章)

曾子曰, "堂堂乎, 張也, 難與並爲仁矣."

증자가 말하였다.
"자장은 위풍당당하기는 하나, 함께 인을 실천하기는 어렵다." (「子張」 16章)

위의 인용문에는 '자유와 자하' 그리고 '자장과 증자'가 등장하는데, 이들 네 사람은 각각 상대편의 단점을 지적했다. 우정 어린 충고일 수도 있지만, 『논어』에 이 같은 내용을 수록한 것은, 공부자 서거 후 제자들간의 알력과 경쟁 심리에서 비롯된 것으로 필자는 보고 있다. 공부자 문도들의 분열상은 유학의 저변확대와 다양성을 초래한 것으로 긍정적으로 여겨도 무방하다. 앞에서도 자공과 자장의 견해차를 밝힌 바 있지만, 스승의 타계 후 문도들 각자의 특성을 부각시켜 새로운 일가를 이루려는 야심이 생겼을 것은 당연하다. 지엽적 사안들을 두고 야기된 사소한 상충으로 여길 수도 있지만, 이러한 충돌이 스승의 사후에 일어난 것임을 감안할 때, 그동안 잠재되었던 학문적 견해차와 경쟁 심리에서 생긴 것이 아닌가 한다.

자유는 자하의 제자들을 두고, 본원적인 것은 모르고 지엽말단에만 치중한다고 비판했는데, 이는 곧 자하의 학문 성향을 그렇게 보았다는 것이기도 하다. 이에 대한 자하의 반박도 '군자지도君子之道'를 거론하며 대응한 점으로 봐서 자유의 말에 상당한 충격을 받았던 듯하다. 자유가 자장을 '미인未仁'으로 규정하고, 증자가 자장을 '병인竝仁'할 수 없다고 평가한 것 역시 내면에 흐르고 있었던 경쟁 의식에서 기인된 것으로 읽을 수 있다.

叔孫武叔語大夫於朝曰, "子貢賢於仲尼."

숙손무숙이 조정에서 대부들에게, "자공이 공자보다 현명하다"고 말했
다. (「子張」 23章)

叔孫武叔毁仲尼, 子貢曰, "無以爲也, 仲尼不可毁也.
他人之賢者, 丘陵也, 猶可踰也, 仲尼日月也, 無得而踰焉."

숙손무숙이 공자를 폄하하자, 자공이 말하였다.
"그러지 말라, 공부자는 폄하할 분이 아니다. 혹자의 현명함은 구릉과
같아서 넘을 수 있지만, 공부자는 일월과 같아서 누구도 넘지 못한다."
(「子張」 24章)

陳子禽謂子貢曰, "子爲恭也, 仲尼豈賢於子乎?"

진자금이 자공에게 말하였다.
"그대가 겸양해서 그렇지, 공자가 어찌 그대보다 현명하겠는가?"
(「子張」 25章)

 공부자를 격하한 숙손무숙(이름은 주구州仇이고, 무武는 시호)은 공부자의 고
국 노나라의 대부이고, 진자금은 당시 알려진 진항陳亢이 아니고 동명
이인으로 보고 있다. 이들은 모두 공부자를 자공과 대비시켜 평가절하
를 하고 있다. 역대의 『논어』 평석서는 이 기록들이 공부자의 덕을 기
리기 위한 장절로 해석하고 있지만, 필자는 오히려 자공을 부상시키기
위해 그의 문도들이 의도적으로 삽입한 것으로 보고 있다. 자공이 비
록 궁장宮牆의 높이와 구릉과 일월 등에 비유해서, 자신은 도저히 스승
과 대비될 수 없다고 극구 변명했지만, 이를 읽는 후세 독자들의 마음

은 편하지 않다는 점 역시 숨길 수 없다.

　자공의 말대로 공부자가 '일월'과 같은 만세의 스승임은 군말이 필요 없다. 그럼에도 불구하고 『논어』 말미에 되풀이해서 공부자를 격하하는 내용을 수록한 편찬자의 뜻은 쉽게 이해가 되지 않는다. 당시 공부자의 수많은 문도들이 그들의 스승이 자공과 대비되는 사실에 대해 매우 불쾌하게 여겼을 것이다. 『논어』 「자장」편에 수록된 내용을 감안할 때, 공부자의 덕을 기리는 것이 주제임은 분명하나, 은밀하게 깔린 곁가지의 내용은 섬뜩한 점이 있다. 그러나 공부자를 격하한 이 같은 내용을 버리지 않고 수록한 『논어』 편찬자의 의도는 점두點頭되는 바가 있다. 우리는 「자장」편을 통하여 공부자 서거 후 기원전 5세기 무렵 중원의 상황과, 남겨진 제자들 사이의 갈등과 경쟁 심리를 살펴보는 것도, 얼마간의 의미는 있다고 생각한다.

20. 대단원과 예악의 강조 – 「요왈堯曰」

　주자朱子는 『논어집주』에서 대체로 각 편장 서두에 간략한 설명을 붙였는데, 「요왈」편은 아무런 해설도 없이 '모두 3장'으로 짜여져 있다고만 했다. 형병邢昺과 유보남劉寶楠 등이 해제적 설명을 붙인 것과 달리, 주자가 이 같은 내용을 생략한 이유는 꼬집어 말할 수 없는 점이 있었기 때문일 것이다. 「요왈」편은 이제삼왕二帝三王*과 공부자의 말을 기록한 것으로 천명과 정치의 정도를 밝혔다. 공부자가 직접 논술한 것이 한 장이고, 공부자가 자장子張의 물음에 답한 것이 한 장이며, 나머지 한 장은 '요제堯帝' 이후 '순제舜帝'와 '우왕禹王·탕왕湯王·무왕武王'으로 이어지는 중국 이상 시대의 정치적 맥락을 기록했다.

　청나라의 적호翟灝(?-1788)와 근대의 정수덕鄭樹德은 이 편장을 『논어』의 '후서後序'라고 했다. 옛날에는 서문이 대체로 편장 말미에 있는 경우가 상례였다. 유보남은 성인의 도를 천명하여 후세에 수훈垂訓으로 길

＊이제삼왕(二帝三王) : 이제는 요堯·순舜을 말하고, 삼왕은 우禹·탕湯·무武를 말함.

이 남기려는 것으로,『논어』19편의 결론이라고 했다.『논어』말미인 19장과 결론인 20장에 자장이 주로 등장하는 것은 『논어』편찬 과정에 자장과 그의 문인들이 깊숙이 관여했음을 뜻한다. 공부자는 그의 조국인 주조周朝가 '이제삼왕'의 정통성을 계승하여 천명에 의해 개국한 왕조임을 강조했다.

'무왕'은 상조商朝를 무력으로 멸망시킨 제왕이기 때문에 요와 순 그리고 우왕 등과는 성격이 다른 통치자로서, 하조夏朝를 쿠데타로 전복시키고 은조殷朝를 세운 '탕왕'과 성향이 같다. 그러므로 아무리 그럴 듯한 말로 분식해도 하극상의 지도자임은 숨길 수 없다. 공부자는 주조도 언젠가는 또 다른 탕과 무왕이 나타나서 소멸될 것임을 인식하고 있었을 것이고, 이를 예방하기 위해 통치자는 자신의 왕조를 지탱하기 위해 시정施政에 있어서 '오미오악五美五惡'을 유념할 것을 거론했다.

『논어』전편을 관통하는 공부자의 일관된 사상은 정치·문학 등 모든 면에 있어서의 '존주尊周'이다. 이 같은 견해를 우리의 역사와 견주면,『삼국사기』가 고려조의 합법성과 천명에 의거하여 수립되었음을 줄기차게 주장했고,『고려사』가 조선조 개국의 필연성을 주제로 깔고 있는 사실과 비견된다. 『논어』는 주로 선진先秦의 예악문물禮樂文物을 수록했는데, 중국의 정통 예악문물이 주조에서 집대성되었을 뿐 아니라 완결된 것으로 공부자는 확신했다.

孔子曰, "不知命, 無以爲君子也, 不知禮, 無以立也, 不知言, 無以知人也."

공부자께서 말씀하셨다.
"천명을 알지 못하면 군자가 아니고, 예를 모르면 입신立身을 할 수 없으며, 남의 말을 제대로 듣지 못하면 그 사람됨을 알 수 없다."(「堯曰」 3章)

子曰, "學而時習之, 不亦說乎, 有朋自遠方來, 不亦樂乎, 人不知而不慍, 不亦君子乎?"

공부자께서 말씀하셨다.
"배우고 때대로 익히면 어찌 기쁘지 않을 것이며, 벗이 스스로 멀리서 방문하면 어찌 기쁘지 않을 것이며, 사람들이 자기를 몰라줘도 성내지 않는다면, 이가 바로 군자가 아니냐?"(「學而」 1章)

앞의 문장은 『논어』의 마지막 장절이고, 뒤의 것은 『논어』의 모두冒頭이다. '자왈子曰'로 시작하여 '공자왈孔子曰'로 마무리했는데, 주자를 제외한 나머지 사람들은 모두 '자왈'로 하지 않고 '공자왈'로 했다. 당唐의 석경石經과 송宋의 석경, 황본皇本·고려본 등 모든 『논어』(이본)들은 「요왈」편의 끝 장절을 '공자왈'로 기록했다. 주자가 '공' 자를 빼고 '자왈'로 한 것은 공부자를 존숭하는 뜻이 지극했기 때문이라고 생각한다. 『논어』의 서두가 '군자론'으로 시작하여 끝마무리 역시 '군자론'으로 완결된 것은 결코 우연이 아니고, 『논어』 제1편이 「학이」이고 마지막 편이 「요왈」인 것 또한 '유의존언有意存言'이다. 공부자가 중국 역사의 실증적인 시작을 제요帝堯로 보았다는 해석도 가능할 것이다. 군자는 열심히 배우고 익혀서 훌륭한 벗들과 함께 사귀어야 하지만, 남들이 자신의 가치를 인정하지 않아도 성내지 않아야 한다고 했다. 『논어』

의 이 같은 서두는 내적 충실을 최우선으로 해야 함을 지적한 것으로, 즉 '위기지학爲己之學'을 강조한 것이다. 반대로 『논어』의 마지막 장절은 군자는 함께 국가와 사회를 이끌어가야 할 동지를 필요로 하기 때문에 '지인지감知人之感'이 있어야 하고, 그러기 위해서는 '위인지학爲人之學'이 필요함을 언급했다.

사인士人이 '인부지人不知(자신을 몰라주는 것)'에 대한 울분을 극복한 후, '지인知人(남을 아는 것)'의 경지에 도달해야만 군자라고 할 수 있고, 정치는 반드시 군자가 맡아야 국가가 흥륭興隆한다고 공부자는 결론지었다. 군자는 천명을 알아야 하고, 예를 알아야 하며, 남의 말을 들을 때 그 말의 시비곡직是非曲直을 분별하는 능력이 있어야 한다고 했다. '지명知命'은 하늘이 부여해준 궁달窮達의 분수를 파악하고 함부로 망동하지 말 것을 경고한 것이고, '지례知禮'에서 '례'는 공검장경恭儉莊敬을 뜻한다고 유보남은 풀었다. 정치는 군자가 맡아야 하고, 그러자면 인재를 얻어야 하는 바, 인재를 얻기 위해서는 사람이 지닌 가치를 알아야 하는데, 그러기 위해서는 남의 말을 제대로 잘 듣고 그 현賢·불초不肖를 알아야 한다는 내용이다.

공부자는 당신이 처한 시대를 난세로 보았고, 그러므로 천명은 이미 기울어져 어쩔 도리가 없다는 비감에 잠겨서 일생을 마쳤다. 사실 공부자는 경륜을 펼 직위를 끝내 얻지 못했을 뿐 아니라 천하는 날로 어지러워져서 나아갈 때가 아님을 알았지만, 군자된 도리로 좌시해서 안 된다는 점을 천명으로 인식하고 최선을 다할 필요가 있다고 파악했던 것 같다. 위태로운 것을 보면 피하고, 이익을 만나면 그것을 추구하는 것은 군자가 취할 태도가 아니라고 당부하고, '지명·지례·지언知言'

할 수 있는 군자가 되어야 함을 공부자는 역설했다. 공부자는 군자정치의 덕목으로서 『논어』 전편을 통하여 누누이 지적했던 바를 '오미사악五美四惡'으로 요약하여 구체적으로 자장에게 설명했다.

공부자가 말한 위정자의 '사악四惡', 즉 '불교이살不教而殺'* 과 '불계시성不戒視成'* 및 '만령치기慢令致期'* 와 '출납지린出納之吝'* 은 불행하게도 시대를 초월하여 오늘날에도 그대로 되풀이되고 있으니 답답할 따름이다. 백성의 교화에는 전혀 관심이 없다가 백성을 장악하기 위하여 혹독한 처벌을 일삼고, 실천 불가능한 외국에서 베껴 온 법규를 거미줄처럼 벌려놓고 여기에 걸려든 백성을 괴롭히는 작태와, 일할 수 있는 여건을 조성해주지도 못한 처지에서 성과가 없다고 윽박지르는 따위와, 사리사욕을 챙기기 위해 지시를 함부로 내려놓고 기한 내에 반드시 완수해야 한다고 우기는 경우와, 갖가지 세금 항목을 설정하여 백성을 착취하는 따위 등, 우리 주변에서 지금도 무수히 다반사로 일어나고 있는 사례들을 공부자가 기원전 6세기에 이미 예언한 것으로 느껴지는 것은 필자의 주관일까.

衛公孫朝問於子貢曰, "仲尼焉學?"
子貢曰, "文武之道未墜於地, 在人, 賢者識其大者, 不賢者識其小者, 莫不有文武之道焉. 夫子焉不學, 而亦何常師之有."

* 불교이살(不教而殺) : 교화하지도 않고 죽이는 것.
* 불계시성(不戒視成) : 미리 훈계하지 않고 결과만 놓고 처벌하는 것.
* 만령치기(慢令致期) : 제대로 주선하지도 않고 실천만 다그치는 것.
* 출납지린(出納之吝) : 백성에게 혜택을 인색하게 하는 것.

위나라 공손조가 "중니는 어디에서 배웠는가?" 하고 물었다.
자공이 말하였다. "문왕·무왕의 도가 실추되지 않고 사람들에게 남아 있어서, 현자는 그 심오한 것을 알고 현명치 못한 사람은 그 작은 것을 배워서 알고 있으니, 이것은 문·무의 도가 편만해 있다는 증거이다. 부자가 어찌 이것을 배우지 않았겠으며, 따라서 어찌 특정한 스승이 있었 겠는가?"(「子張」22章)

위의 글은 「요왈」편이 아닌 「자장」편에 수록된 내용이다. 필자가 이 편차를 바꾸어 인용한 이유는, 성인과 아성亞聖 및 선현들의 사승관계師承關係에 느낀 점이 있었기 때문이다. 위나라 대부 공손조가 자공子貢에게 공부자는 어디에서 어떻게 무엇을 누구에게 배웠기에 위대한 성인이 되었느냐고 물었다. 이에 대해 자공은 '무상사無常師'*라고 대답했다. 공손조는 공부자가 '학지學知'가 아닌 '생지生知'*의 성인이라고 생각했던 것 같지만, 그래도 사승관계는 있었지 않았느냐는 의문이 질문의 행간에 깔려 있다. 자공 역시 특정한 스승이 없었지만, 공부자는 우주공간에 존재하는 삼라만상森羅萬象과 사무대소事無大小를 막론하고 모든 사물을 통하여 배운 분이라고 했다. 이 중에서도 특히 자공은 문왕과 무왕의 도가 천하에 편만遍滿해 있기 때문에 공부자는 이를 심화·확대하여 그 정수를 터득한 것으로 이해했다. 사실 공부자는 가는 곳과 만나는 사람 모두 신분의 고하를 불문하고 두루 배웠던 분이었다. 자공은 공부자의 스승을 문왕과 무왕으로 보았고, 이는 공부자가 존주

* 무상사(無常師) : 일정한 스승이 없음.
* 생지(生知) : 태어나면서부터 앎.

사상尊周思想*을 근간으로 했음을 밝힌 것이다.

공손조가 공부자를 '중니仲尼'라고 칭했는데, 중니는 공부자의 자字이다. 자는 당시 경우에 따라 시호로도 겸용되었는데, 이 경우 공부자의 자인 '중니'는 시호로 생각되기 때문에, 공손조가 공부자를 높여서 부른 칭호일 것이다. 공부자가 일정한 스승이 없었던 것처럼 반드시 동일한 것은 아니겠지만, 동방의 아성인 '퇴계·율곡' 양현이 스승이 없었거나, 설혹 있었다 해도 문집에 기록하지 않았던 것과도 대비된다. 퇴계·율곡도 분명 당대의 학자에게 배웠을 테지만, 각종의 문헌에는 스승의 이름이 나타나 있지 않다. 퇴계와 율곡의 문도들에 의해 편찬된 문집들에서 스승의 사승관계를 거의 언급하지 않았던 것은 그만한 이유가 있었을 터이지만, 요즘의 학계에서 일부 평범한 학도들이 마치 개산비조開山鼻祖인 양 행세하는 사례가 간혹 보이는데, 이는 학문의 장래를 위해 바람직한 일이 못 된다.

『논어』 20편에서 제1편 「학이學而」와 제20편 「요왈堯曰」이 군자론에서 시작하여 군자론으로 마무리된 것은, 공부자가 그 무엇보다 특히 군자의 역할이 중요함을 천명한 것으로 이해된다. 위서라는 설이 있기는 하지만 그래도 공부자의 높은 뜻을 많이 담고 있다고 인정되는 『공자가어孔子家語』에서, 자로의 물음에 답하는 형식으로 개진된 공부자의 군자론을 소개하는 것으로, 감히 외람되게 무견蕪見을 펼쳐왔던 이 글을 마감할까 한다.

* 존주사상(尊周思想) : 주周의 예악문물禮樂文物을 숭상함.

夫遇不遇者時也, 賢不肖者才也. 君子博學深謀, 而不遇時者衆矣, 何獨丘哉. 且芝蘭生於深林, 不以無人而不芳, 君子修道立德, 不謂窮困而改節! 爲之者人也, 生死者命也.

무릇 기회를 잡고 기회를 잡지 못하는 것은 시운時運이고, 현명하고 현명치 못함은 타고난 재주에 말미암은 것이다. 군자가 널리 배워서 탁월한 경륜을 터득했지만, 때를 만나지 못한 사람들이 허다했으니, 나(공부자) 역시 예외가 아니다. 항차 지초와 난초는 깊은 숲속에서 자라고 있지만, 사람이 보지 않는다고 해서 향기를 뿜지 않음이 없는 것처럼, 군자가 도를 닦아 덕을 세웠는데도 불구하고 불우하여 곤궁해졌다 해서 절개를 굽힐 수 없지 않느냐! 그러므로 이를 행하는 것은 사람이지만 태어나고 죽는 것은 천명이다.

진陳·채蔡 사이에서 공부자 일행이 양식도 떨어지고 제자들은 질병에 신음하던 위기 상황에서, 자로가 공부자에게 '적덕회인積德懷仁'을 행한 지 오래인데, 어찌 이처럼 불운을 겪어야 하느냐고 한 항의에 대한 공부자의 답변이다. 깊은 숲속에 자라난 난초와 지초가 사람이 없다고 해서 향기를 뿜지 않는 법이 없는 것처럼, 군자 역시 의연하게 제 갈 길을 가야 하고, 도를 닦고 덕을 세웠다면 일시적인 불우나 곤궁을 당했다고 해서 절개를 굽혀서는 안 된다고 공부자는 자로에게 타일렀다. 군자로서 때를 만나지 못하여 불행하게 삶을 마친 사람이 역사적으로 허다한 터에, 당신(공부자)이 때를 못 만나 고통을 당하는 것도 이상한 일이 아니라고 자위했다. 무성한 수풀에 자란 난초처럼 사람이 있든 없든 간에 향기를 발하는 것이 군자의 도리라고 강조했다. 진·채 사이에서 생명의 위협을 느끼는 위기에서도 공부자는 거문고를 타며 노래를 불렀다. 잡초가 무성한 수풀 속에서 은은한 향기를 내뿜는 난초 같은 존재가 바로 '군자'라고 정의했다. 생사는 천명인 만큼 당당하게 여기에 구애되지 말아야 하며, 또 어떤 위기에서도 변절하지 않는 것이 '군자지도君子之道'라고 공부자는 자로에게 교시敎示한 것이다.

『논어』는 공부자가 주대周代에 정리한 육경의 중간 종합연구서로서 기전 6세기 당대와 그리고 먼 후대에 귀감이 될 정론定論을 쉽게 풀이한 것으로 당시로서는 새로운 신서新書였다. 따라서 공부자의 저작이라기보다는 육경의 조술서祖述書로 보는 것이 타당하다. 이는 석가모니가 인도 정통사상의 집합체인 베다경을 기원전 6세기 당대 현실에 맞게 조술한 것이 불경인 점과 동일하다. 학문에 있어서 새로운 발견이나 독창은 존재하지 않는다고 필자는 확신한다. 독창이나 발견이라고 여기는 것은, 축적된 문헌을 정밀하게 탐독하지 못한 무지의 결과일 따름이다. 이는 마치 콜롬부스가 아메리카 대륙을 발견했다는 유의 잘못된 지식과 같은 것이다. 아메리카 대륙은 오래 전부터 존재했고, 많은 사람들이 수만 년간 살아왔던 땅인데, 유독 이를 몰랐던 구라파 사람들의 착각에서 비롯된 오류에 불과하다. 공부자 당신도 스스로 '술이부작述而不作 신이호고信而好古'라고 밝혔고, 이를 공부자의 겸양으로 해석하는 것도 온당하지 않다. 『논어』가 공부자 이전 수많은 시간 동안 축적된 사유체계를 집대성하여 이를 당대인에게 가능한 한 쉽게 알리려는 의도에서 조술祖述되었기 때문에 더욱 훌륭한 명저이고, 이 같은 객관적 시각에서 육경과 『논어』를 편술編述했기 때문에 공부자는 영세불변永世不變의 성인聖人일 수 있는 것이다.

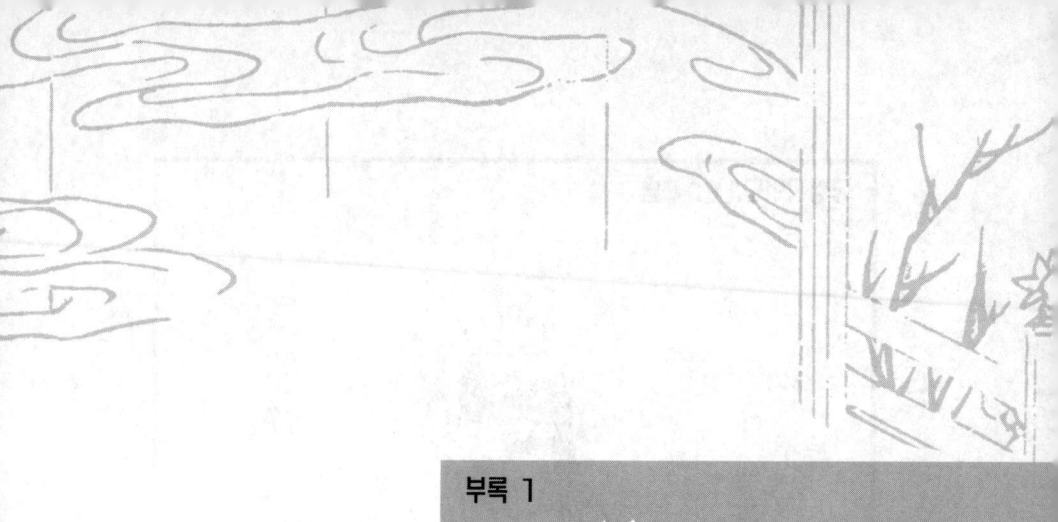

부록 1
꿈성가어도

孔聖家語圖

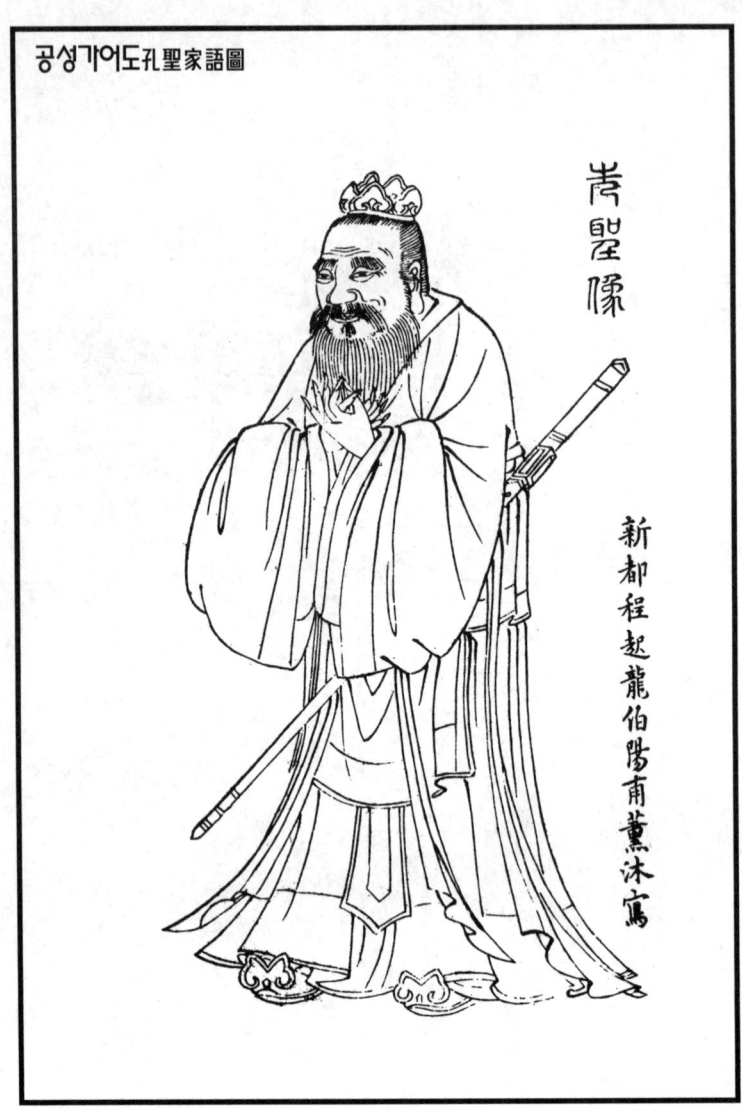

선성상 先聖像

도사니구 禱嗣尼丘

공자의 아버지 숙량흘叔梁紇과 어머니 안징재顔徵在는 아들을 낳게 해달라고 니구산尼丘山에 기도하여, 그 다음해에 공자를 낳았다고 한다.

인토옥서 麟吐玉書

공자가 탄생하기 전에 기린이 공자의 아버지 집에 나타나서 옥서玉書를 토하였다 하는데, 거기에는 "수정水精(물의 정령)의 아들이 쇠잔해진 주나라를 계승하기 위해 소왕素王으로 태어나다"는 내용이 쓰여 있었다. 어머니 안씨가 이상히 여겨 수놓은 뿔을 비단끈으로 묶었더니 기린은 이틀 밤을 자고 떠났다 하며, 안씨는 그날로 임신하여 11개월 후에 공자를 낳았다 한다.

탄성강상 誕聖降祥
공자가 태어나던 날 새벽, 두 마리의 용이 방 주위를 둘러쌌고 다섯 명의 노인이 뜰로 내려왔다고 한다.

천악문부 天樂文符

공자가 태어나던 날 저녁, 안씨의 방으로 하늘의 음악이 들려오면서, "하늘이 성자의 탄생에 감응하여 화락의 음악을 내려보내노라" 하는 소리가 났다. 공자는 나면서부터 남다른 특징이 있었는데, 가슴에는 49개의 표식이 있었으며 "제작정세부制作定世符(세상을 안정시키는 부호)"라는 글자가 쓰여 있었다고 한다.

희진조두 戲陳俎豆

공자는 아버지가 죽은 뒤 노나라에 살면서 5~6세 때 항상 제기를 진열하고 예용禮容을 갖추어 제사 놀이를 즐겼으며, 이 놀이를 다른 아이들과 함께하였다. 많은 아이들은 그 영향으로 예절 바르게 되었으며, 그 소문이 여러 나라로 퍼져나갔다.

서사위리 筮仕委吏

공자는 20세가 되던 해에 위리委吏가 되어 처음으로 관직에 나아갔다. '위리'란 창고의 회계를 관리하는 하급 관직으로, 가난 때문에 벼슬을 한 것이었다.

재관승전 載官乘田

위리에 이어 이듬해 승전乘田의 관직을 맡았다. 승전이란 목축을 관리하는 관직이었다. 공자가 위리를 맡았을 때는 회계가 정확했고, 승전을 맡았을 때는 가축이 잘 자랐다고 한다.

사리명아 賜鯉名兒

공자가 20세 되던 해에 아들이 태어났는데, 이때 마침 노나라 소공이 공자에게 잉어를 하사하였으므로, 이 때문에 아들의 이름을 '이鯉'라 하고, 자를 '백어伯魚'라 하였다.

학금사양 學琴師襄

공자는 노나라의 악사樂師인 양자襄子에게 거문고 타는 법을 배웠는데, 10일 동안 같은 곡을 연주하여 곡중인曲中人의 사람됨까지 알아내고, 그것이 문왕조文王操(문왕을 찬양한 거문고 곡)임을 간파하였다. 그러자 양자는 자리에서 일어나 재배하며 감탄했다고 한다.

문례노담 問禮老聃

공자는 34세가 되던 해에 남궁경숙南宮敬叔과 함께 주周나라에 가서 노담老聃에게 예禮에 관해 물었다.

방악장홍 訪樂萇弘

공자는 노담에게 예를 물은 뒤, 주나라의 대부인 장홍萇弘을 방문하여 음악에 관해 물었다. 장홍은 공자를 만나보고 공자에게 성인聖人의 의표가 있다고 했다.

관주의기 觀周欹器

공자는 주나라 환공桓公의 사당에 들어가 의기欹器를 보았다. 의기란, 임금이 자리 곁에 두고 경계로 삼는 그릇으로서, 텅 비면 기울고 중간 정도이면 반듯해지고 가득 차면 엎어진다고 한다.

재제문소 在齊聞韶

공자가 노나라의 변란을 피해 제나라에 있을 때, 순임금의 음악인 소韶를 듣고 그 음악에 심취하여 3개월 동안이나 고기 맛을 잊었으며, "음악이 이런 경지에까지 이를 줄은 미처 몰랐다"고 하였다.

영저제봉 嬰沮齊封

제나라 경공이 공자에게 정사政事를 묻자 공자는 "임금은 임금답고, 신하는 신하답고, 아버지는 아버지답고, 아들은 아들답게 하는 것입니다" 하고 대답하였다. 이에 경공이 이계尼溪의 땅에 공자를 봉하려 하였으나 재상인 안영晏嬰이 만류하여 중지되었다.

퇴수수업 退脩授業

노나라 소공이 죽고 정공이 즉위한 뒤, 계씨季氏의 가신 양호陽虎가 정권을 전횡하였다. 그 때문에 공자는 벼슬하지 않고 물러나 『시詩』·『서書』·『예禮』·『악樂』을 편찬하고 제자들을 교육하였다. 이때부터 제자들이 더욱 늘어났다.

위재중도 爲宰中都

공자가 51세 되던 해 중도中都(노나라의 고을 이름)를 다스리는 장長이 되었으며, 중도를 다스린 지 1년 만에 사방에서 제후들이 그 통치법을 본받았다.

협곡회맹 夾谷會盟

노나라 정공과 제나라 경공이 협곡夾谷에서 회맹하였다. 그때 공자는 정공을 수행하여 도의로써 경공을 부끄럽게 하였고, 그 결과 사죄의 뜻으로 경공은 제나라가 침탈한 노나라 땅을 돌려주었다.

주란양관 誅亂兩觀

공자는 대사구大司寇로서 재상의 일을 섭정하였을 때, 노나라의 정사를 문란케 한 소정묘少正卯를 양관兩觀에서 주살하였다. 공자가 정사를 맡은 지 3개월이 되자 양과 돼지를 파는 사람은 값을 속이지 않았고, 남녀가 길을 갈 때는 따로 걸었으며, 길에 떨어진 물건을 주워 가는 사람도 없어졌다.

청타삼도 請墮三都

공자는 노나라의 국정을 바로잡기 위해 삼환三桓(당시 노나라의 실력자인 맹손씨孟孫氏·숙손씨叔孫氏·계손씨季孫氏)의 삼도三都(삼환의 세 성읍)를 함락시킬 것을 정공에게 청하고, 중유仲由를 계씨의 가신으로 임명하여 삼도를 함락시키도록 하였다. 그런데 숙손씨와 계손씨의 성은 함락시켰으나, 맹손씨의 성은 완강한 저항으로 함락시키지 못했다.

수악천행 受樂遄行

공자가 재상의 일을 섭정하니 노나라는 잘 다스려졌다. 이에 두려움을 느낀 이웃의 제나라는 미녀와 무늬 있는 말을 보내 이간질하였다. 계환자가 미녀를 받아들이고 정사를 돌보지 않자, 이에 실망한 공자는 노나라를 떠났다.

위광자신 圍匡自信

노나라를 떠난 공자는 위衛나라로 갔으나, 그곳에서 10개월간 머물다 참소를 받아 다시 위나라를 떠났다. 공자가 진陳나라로 가던 도중 광匡땅에 이르렀을 때 공자의 모습이 양호와 너무 닮아 그곳 사람들이 공자 일행을 5일 동안 억류하였다. 이때 공자는 '문왕의 뒤에 문文이 자신에게 있으므로 광땅의 사람들이 자신을 어찌지 못하리'고 자신하였다.

차승위령 次乘衛靈

공자는 광땅의 곤경에서 풀려나 포蒲에서 한 달가량 머물다 다시 위나라로 돌아와 거백옥蘧伯玉의 집에 머물렀다. 이때 위나라 영공이 그의 부인 남자南子와 함께 수레를 타고 가면서 공자로 하여금 그 뒤를 따르게 하였다. 공자는 이것을 추하게 여기고, "덕을 좋아하기를 여색 좋아하듯이 하는 사람을 내가 보지 못했다" 하고는 위나라를 떠났다.

습례송교 習禮宋郊

위나라를 떠나 조曹나라를 거쳐 송宋나라에 도착한 공자는 제자들과 큰 나무 아래에서 예禮를 강습하고 있었다. 그런데 사마환퇴司馬桓魋가 공자를 해치려 하였고, 또 강습하던 곳의 나무도 베어버렸다. 제자들이 피하라고 하자 공자는 "하늘이 나에게 덕을 내려주었는데 환퇴가 나를 어찌하겠느냐" 하였다.

동문이초 東門貽誚

송나라에서 정鄭나라로 온 공자는 이곳에서 제자들과 헤어져 성곽 동문에 홀로 서 있게 되었다. 정나라의 어떤 사람이 자공에게 말하였다. "동문에 한 사람이 있는데 이마는 요임금과 닮았고, 목은 고요皐陶와 닮았고, 어깨는 자산子産과 닮았고, 허리 아래는 우임금보다 3촌이 짧았으며, 풀 죽은 모습이 마치 상갓집 개와 같더이다." 이 말을 듣고 공자는 웃으며 말하였다. "겉모습은 중요한 게 아니야. 상갓집 개와 같다 하였는데, 암 그랬지! 그랬고 말고!"

진정변시 陳庭辯矢

진陳나라에 도착한 공자는 사성정자司城貞子의 집에 머물렀다. 1년 남짓 되었을 때 매 한 마리가 화살에 맞은 채 진나라 궁정에 죽어 있었다. 진나라 민공이 그 화살을 공자에게 물어보게 하였더니, 공자는 숙신肅愼의 화살이라 하였다. 민공이 시험삼아 옛 창고에서 찾아보게 하였는데 과연 그것이었다.

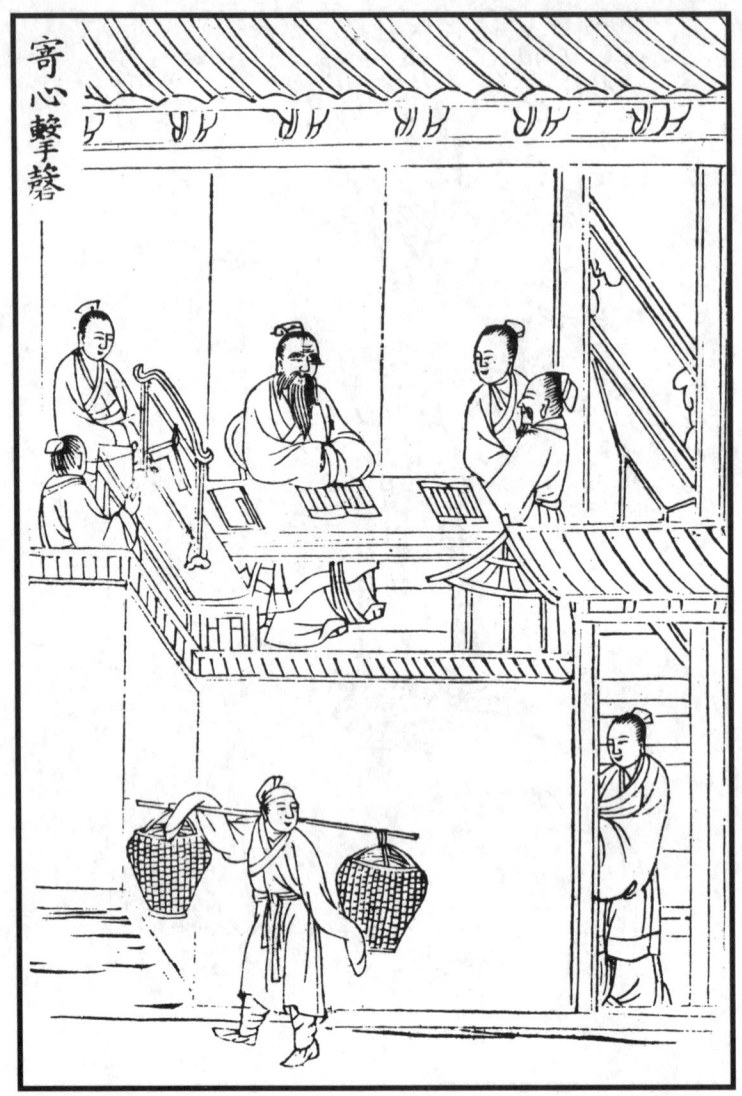

기심격경 寄心擊磬

공자가 제자들과 위나라에서 경磬을 연주하고 있을 때이다. 삼태기를 메고 문 앞을 지나가던 어떤 사람이 말하였다. "생각에 빠졌구나. 경을 연주하는 이여! 쨍그랑 쨍그랑. 세상에 자기를 알아주는 이가 없으면 그것으로 그만이지."

예쇠거위 禮衰去衛

어느 날 위나라 영공이 군대의 진법을 물었다. 공자는 "제사 지내는 일은 일찍부터 들었지만, 군사에 대해서는 배운 바 없습니다" 하였다. 다음날 영공이 공자와 이야기하다가 날아가는 기러기를 보자 그것을 쳐다보며 공자의 말에는 열중하지 않았다. 마침내 공자는 위나라를 떠나 진陳나라로 갔다.

액진절량 厄陳絶糧

초나라 소왕은 진나라와 채나라 사이에 있던 공자를 초빙하였다. 공자가 가려 하니 진·채의 두 나라 대부들은 공자가 초나라에 등용되면 진나라와 채나라가 위태로워진다면서, 군대를 보내 공자의 일행을 포위하였다. 공자 일행은 식량이 떨어져 7일간 굶었고 제자들은 병이 들었다. 그러나 공자는 조금도 흐트러짐 없이 강론도 하고 거문고도 연주하며 지냈다. 결국 자공을 초나라에 보내 초소왕이 군대를 파견하게 함으로써 곤궁에서 벗어날 수 있었다.

반채문진 反蔡問津

섭엽땅을 떠나 채나라로 돌아오던 도중에 장저와 걸닉이 밭 갈고 있는 것을 본 공자는 자로를 시켜 나루를 묻게 했다. 장저가 물었다. "고삐를 잡은 자가 누구냐?" 자로가 대답했다. "공구입니다." "노나라의 그 공구냐?" "그렇습니다." "그가 나루를 알 것이다." 걸익이 물었다. "그대는 누구인가?" "중유입니다." "공구의 제자인가?" "그렇습니다." "천하가 온통 어지러운데 누가 이를 바로잡겠느냐? 사람을 피하는 선비를 따르기보다는 차라리 세상을 피하는 선비를 따르는 게 낫지 않겠는가?" 그들은 말을 마치고 계속 밭을 갈았다.

임하상류 臨河傷類

공자는 위나라에서 등용되지 못하자 진晉나라 조간자趙簡子의 초빙으로 그를 만나려 하였다. 그러나 황하에 이르러 두명독과 순화가 피살되었다는 소식을 듣고 탄식하며 말했다. "황하가 이토록 아름답고 넓은데, 내가 이 황하를 건너지 못하는 것은 무슨 운명인가?" 하였다. 자공이 무슨 까닭인지 물으니, 공자는 "군자는 자기와 같은 무리가 상하는 것을 싫어하기 때문이다" 하면서 수레를 돌렸다.

관대석륙 觀臺釋戮

공자가 위나라에서 진나라로 갔을 때의 일이다. 진후陳侯는 능양대陵陽臺 공사를 일으켰다. 공사가 아직 끝나지 않았는데 죽은 사람이 수십 명이었고, 또 세 명의 감독관이 잡혀와 처형을 기다리고 있었다. 이때 공자는 진후와 함께 대에 올라 그 광경을 보았다. 진후가 물었다. "옛날 주나라에서 영대靈臺를 지을 때도 사람을 죽였습니까?" 공자가 대답했다. "문왕이 일어났을 때 백성들이 자식처럼 왔으니 어찌 사람을 죽였겠습니까?" 그 말을 들은 진후는 잡아온 관리를 풀어주고 공사를 중지시켰다.

초봉견저 楚封見沮

곤경에 빠졌던 공자를 맞이해온 초나라 소왕은 서사書社의 땅 700리로 공자를 봉하려 하였다. 그때 재상 자서子西가 말했다. "왕의 사신으로 자공만한 사람이 있습니까? 왕의 재상으로 안회만한 사람이 있습니까? 왕의 장수로 자로만한 사람이 있습니까? 왕의 장관으로 재여만한 사람이 있습니까? 공자가 근거할 땅을 얻고 어진 제자들이 그를 보좌한다면, 이것은 결코 초나라에 좋은 일이 못 됩니다." 이 말에 초소왕은 마음을 바꾸었다.

계강폐영 季康幣迎

공자가 68세 되던 해에 계강자季康子는 후한 예물을 갖추어 공자를 초빙하였다. 이로써 공자는 노나라를 떠나 제후국을 편력한 지 14년 만에 귀국한다. 그러나 공자는 여전히 정사에 참여할 수 없었다.

산술육경 刪述六經
노나라로 돌아온 공자는 정사에는 참여하지 못하고, 이후 줄곧 육경六經과 같은 고전 문헌을 정리하고 제자들을 가르치는 데 전념하였다. 제자가 대략 삼천 명에 이르며, 육예六藝에 통달한 제자도 72명에 이른다.

저작고성 著作告成

공자는 노나라에 돌아온 뒤 3년 만에 저작을 완성하고, 재계한 뒤 북두성을 향해 그 완성을 고하였다. 그때 홀연히 하늘에서 붉은 무지개가 피어오르고, 그것이 내려와 문자를 새긴 황옥 黃玉이 되었는데, 공자가 그것을 무릎 꿇고 받았다고 전해진다.

서교읍린 西郊泣麟

공자가 71세 되던 해에 대야大野에서 숙손씨의 마부가 기린을 잡았다. 공자가 가서 보고 탄식하며 "도道를 행하려는 나의 희망도 이제는 끝이구나" 하였고, 『사기史記』에는 이때부터 『춘추春秋』를 저술하였다 한다. 그러나 실제로는 이때부터 절필絕筆한 것으로 보는 것이 옳을 듯하다.

몽전양영 夢奠兩楹

공자가 죽기 전에 자공에게 말하였다. "천하에 도가 없어진 지 오래되었다. 아무도 나의 주장을 믿지 않는구나. 장사를 치를 때 하나라 사람들은 유해를 동쪽 계단에 모셨고, 주나라 사람들은 서쪽 계단에 모셨으며, 은나라 사람들은 두 기둥 사이에 모셨다. 어젯밤에 나는 두 기둥 사이에 놓여져 사람들의 제사를 받는 꿈을 꾸었다. 나의 조상은 원래 은나라 사람이었다." 공자는 그 뒤 7일이 지나 세상을 떠났다. 그때 공자의 나이 73세였다.

장로사상 葬魯泗上

노나라 도성(지금의 곡부) 북쪽 사수泗水 근처에 공자의 장사를 지냈다. 제자들은 모두 3년상을 치렀다. 그들은 심상心喪 3년을 마치자 서로 헤어졌으며, 자공만은 무덤 옆에 여막을 짓고 3년을 더 지키다가 떠났다. 그 뒤 공자의 제자들과 노나라 사람 중에 무덤가에 와서 집을 짓고 산 사람이 100여 가구나 되었다. 이 때문에 이곳을 '공자마을(孔里)'이라 하였다.

한고숭사 漢高崇祀

공자가 살던 집과 제자들이 쓰던 내실은 공자의 사당으로 만들어져, 공자가 사용하던 의관·거문고·수레·서적 등을 소장하였는데, 그것은 한漢나라에 이르기까지 200여 년 동안 이어졌다. 그 뒤 한나라 고조가 노나라를 지나다가 태뢰太牢로 공자의 사당에 제사를 지냈다.

부록 2
공자연보
孔子年譜

1세 : B.C. 551년(노양공魯襄公 22년)

노魯나라 창평향昌平鄕 추읍陬邑(지금의 산동성山東省 곡부시曲阜市 동남쪽)에서 태어남. 선조는 송宋나라 사람임. 부모가 니구산尼丘山에서 아들을 낳게 해달라고 기도했으므로 이름을 '구丘', 자를 중니仲尼라 함. 공자의 출생 연도가 『춘추공양전春秋公羊傳』과 『춘추곡량전春秋穀梁傳』에는 노양공 21년(B.C. 550), 『춘추좌씨전春秋左氏傳』과 『사기史記』에는 노양공 22년(B.C. 551)으로 되어 있음.

3세 : B.C. 549년(노양공 24년)

아버지 숙량흘叔梁紇이 죽자 방산防山에 장사 지냄. 어머니 안징재顔徵在가 자식을 이끌고 곡부 궐리闕里로 이사함. 생활 형편이 매우 어려웠음.

5세 : B.C. 547년(노양공 26년)

제자 진상秦商(자는 자비子丕) 태어남.

6세 : B.C. 546년(노양공 27년)

제자 증점曾點(자는 석晳, 증삼曾參의 아버지) 태어남.

7세 : B.C. 545년(노양공 28년)

제자 안요顔繇(다른 이름은 무요無繇, 자는 노路, 안연顔淵의 아버지) 태어남.

8세 : B.C. 544년(노양공 29년)

제자 염경冉耕(자는 백우伯牛) 태어남.

10세 : B.C. 542년(노양공 31년)

양공이 죽고, 소공昭公이 즉위함.

제자 중유仲由(자는 자로子路) 태어남.

12세 : B.C. 540년(노소공魯昭公 2년)

제자 칠조개漆雕開(자는 자개子開) 태어남.

15세 : B.C. 537년(노소공 5년)

학문에 뜻을 둠.

16세 : B.C. 536년(노소공 6년)

제자 민손閔損(자는 자건子騫) 태어남.

17세 : B.C. 535년(노소공 7년)

어머니 안징재가 죽자, 이웃 사람이 아버지의 묘소를 알려주어 방산에 합장함. 이해에 당시 세력가 계씨가 베푼 귀족 잔치에 갔다가 계씨의 가신 양호陽虎에게 문전박대를 받음.

19세 : B.C. 533년(노소공 9년)

송나라 기관씨兀官氏의 딸과 혼인함.

20세 : B.C. 532년(노소공 10년)

아들이 태어남. 이때 노소공이 공자에게 잉어를 하사하였으므로 아들의 이름을 '이鯉'라 하고, 자를 '백어伯魚'라 함. 이해에 처음으로 위리委吏(창고를 관리하는 관직)가 됨.

21세 : B.C. 531년(노소공 11년)

이해에 승전乘田(목축을 주관하는 관직)이 됨.

27세 : B.C. 525년(노소공 17년)

담자郯子가 노나라에 조회를 왔을 때, 그에게서 고대의 관제官制를 배움.

30세 : B.C. 522년(노소공 20년)

학문에 자신감을 얻음. 노나라를 방문한 제경공齊景公과 안영晏嬰을 만나 진목공秦穆公이 패자覇者가 된 원인에 대해 서로 문답함.

제자 염옹冉雍(자는 중궁仲弓), 염구冉求(자는 자유子有), 재여宰子(자는 자아子我), 상구商瞿(자는 자목子木), 양전梁鱣(자는 숙어叔魚) 태어남.

31세 : B.C. 521년(노소공 21년)

제자 안회顔回(자는 자연子淵), 무마시巫馬施(자는 자기子期), 고시高柴(자는 자고子高), 복부제宓不齊(자는 자천子賤) 태어남.

32세 : B.C. 520년(노소공 22년)

제자 단목사端木賜(자는 자공子貢) 태어남.

34세 : B.C. 518년(노소공 24년)

맹의자孟懿子와 남궁경숙南宮敬叔이 공자에게 예禮를 배움. 이때 공자는 남궁경숙과 함께 주周나라에 가서 노담老聃에게 예禮에 관해 묻고, 장홍萇弘에게 음악에 관해 물었다고 알려져 있음.

35세 : B.C. 517년(노소공 25년)

노나라에 변란이 일어나자 그 혼란을 피해 제나라로 가서 고소자高昭子의 가신이 됨.

36세 : B.C. 516년(노소공 26년)

제경공이 정사를 묻자, "임금은 임금답고, 신하는 신하답고, 아버지는 아버지답고, 아들은 아들답게 하는 것입니다" 하고 대답함. 경공이 이계尼溪의 땅에 공자를 봉하려 하자 안영이 만류함. '소악韶樂'(순舜임금의 음악)을 듣고 3개월 동안 고기 맛을 잊을 정도로 심취함.

37세 : B.C. 515년(노소공 27년)

제나라 대부들이 해치려 하자 다시 노나라로 돌아감.

제자 번수樊須(자는 자지子遲), 원헌原憲(자는 자사子思) 태어남.

38세 : B.C. 514년(노소공 28년)

진나라 위헌자魏獻子가 정사를 맡아 친소親疏를 가리지 않고 어진 인사를 등용했다는 소리를 듣고 의로운 일이라 칭찬함.

40세 : B.C. 512년(노소공 30년)
제자 담대멸명澹臺滅明(자는 자우子羽) 태어남.

41세 : B.C. 511년(노소공 31년)
제자 진항陳亢(자는 자금子禽) 태어남.

42세 : B.C. 510년(노소공 32년)
소공이 죽고, 정공定公이 즉위함.

43세 : B.C. 509년(노정공 원년)
제자 공서적公西赤(자는 자화子華) 태어남.

44세 : B.C. 508년(노정공 2년)
제자 유약有若 태어남.

45세 : B.C. 507년(노정공 3년)
제자 복상卜商(자는 자하子夏) 태어남.

46세 : B.C. 506년(노정공 4년)
제자 언언言偃(자는 자유子游) 태어남.

47세 : B.C. 505년(노정공 5년)

계씨의 가신 양호가 정권을 전횡하자, 벼슬하지 않고 물러나 『시詩』·『서書』·『예禮』·『악樂』을 편찬하였으며, 이때부터 제자들이 더욱 늘어남. 공자를 만나려는 양호의 제의를 피하고 있던 차에, 길에서 마주치자 양호가 공자에게 벼슬을 권하였으나 거절함.

제자 증삼曾參(자는 자여子輿), 안행顔幸(자는 자류子柳) 태어남.

49세 : B.C. 503년(노정공 7년)

제자 전손사顓孫師(자는 자장子張) 태어남.

50세 : B.C. 502년(노정공 8년)

공산불뉴公山不狃가 반란을 일으키고 공자를 초청함.

51세 : B.C. 501년(노정공 9년)

중도中都의 장長이 되었으며, 중도를 다스린 지 1년 만에 사방에서 통치법을 본받음.

제자 염유冉孺(자는 자로子魯), 조휼曹䘏(자는 자순子循), 백건伯虔(자는 자석子析), 안고顔高(자는 자교子驕), 숙중회叔仲會(자는 자기子期) 태어남.

52세 : B.C. 500년(노정공 10년)

중도의 장에서 소사공小司空을 거쳐 대사구大司寇가 됨. 정공을 보좌하여 제후齊侯와 협곡夾谷에서 회맹하고 제나라가 침탈한 노나라 땅을 돌려받음.

54세 : B.C. 498년(노정공 12년)

삼환三桓(당시 노나라의 실력자인 맹손씨孟孫氏 · 숙손씨叔孫氏 · 계손씨季孫氏)의 세력을 약화시키기 위해 중유仲由를 계씨의 가신으로 임명하여 삼도三都(삼환의 성읍)를 함락시키려 하였으나 실패함.

제자 공손룡公孫龍(자는 자석子石) 태어남.

55세 : B.C. 497년(노정공 13년)

공자가 재상의 일을 섭정하니 노나라가 잘 다스려짐. 제나라에서 미녀와 말을 보내 이간질함. 계환자季桓子가 미녀를 받아들이고 정사를 돌보지 않자, 이에 실망한 공자는 노나라를 떠나 위衛나라로 감. 위나라에서 10개월간 머물다 참소를 받아 다시 위나라를 떠남. 진陳나라로 가던 도중 광匡땅에서 곤경에 빠짐. 곤경에서 풀려나 포蒲에서 한 달가량 머물다 다시 위나라로 돌아옴.

57세 : B.C. 495년(노정공 15년)

정공이 죽고, 애공哀公이 즉위함.

59세 : B.C. 493년(노애공魯哀公 2년)

위나라를 떠나 조曹나라를 거쳐 송宋나라에 도착함. 제자들과 큰 나무 아래에서 예의에 대해 강습하였는데, 사마환퇴司馬桓魋가 공자를 해치려 하므로 송나라를 떠남.

60세 : B.C. 492년(노애공 3년)

정鄭나라를 거쳐 진陳나라에 도착함. 계환자가 임종할 때 공자를 등용하지 못한 것을 후회하고 그의 아들 계강자季康子에게 공자를 등용할 것을 유언함. 계강자가 공자를 등용하려 하였으나 신하들이 저지하자, 그 대신 공자의 제자 염구冉求를 등용함.

63세 : B.C. 489년(노애공 6년)

오吳나라가 진나라를 공격함. 진나라를 떠나 피신하던 도중, 공자와 제자들은 진나라와 채나라 병사들에게 포위되어 양식마저 떨어지는 곤궁에 빠졌다가, 초소왕楚昭王이 군대를 보내 공자를 보호함으로써 곤궁에서 벗어남. 초소왕이 공자를 등용하려 하였으나 신하의 만류로 중지함. 위나라로 다시 돌아감.

67세 : B.C. 485년(노애공 10년)

부인 기관씨 죽음.

68세 : B.C. 484년(노애공 11년)

제나라 군대가 노나라를 공격하자 공자의 제자 염구冉求가 맞서 싸워 승리함. 염구의 권유로 계강자는 후한 예물을 갖추어 공자를 초빙함. 노나라를 떠나 제후국을 편력한 지 14년 만에 귀국함.

69세 : B.C. 483(노애공 12년)

노나라의 정사에 참여하지 못하고, 이후 줄곧 교육과 문헌 정리에 힘씀. 아들 이鯉가 죽음.

71세 : B.C. 481년(노애공 14년)

기린이 잡히자 "도道를 행하려는 나의 희망도 이제는 끝이구나" 하였고, 이때부터 『춘추春秋』를 저술함. 제나라 군주를 죽인 진항陳恒을 토벌할 것을 애공에게 요청하였으나 거절당함. 안회顔回가 죽자, "하늘이 나를 망치는구나" 하고 탄식함.

72세 : B.C. 480년(노애공 15년)

위나라에 정변이 일어나 중유仲由가 죽음.

73세 : B.C. 479년(노애공 16년)

공자가 병이 나자 자공이 찾아오니 공자가 지팡이에 의지하여 문 앞을 거닐고 있다가, "사賜야 왜 이렇게 늦게 왔느냐?"하며, 다음과 같이 탄식함.

    태산이 무너진단 말인가!
    기둥이 부러진단 말인가!
    철인哲人이 죽어간단 말인가!

그 뒤 7일이 지나 세상을 뜸. 노나라 도성(지금의 곡부) 북쪽 사수泗水 근처에 장사 지냄.